For Japanese Who Trust Their Fate
in the Universe

日本人こそ、宇宙にお願いすればいい。

吉岡純子
Yoshioka Junko

フォレスト出版

はじめに

こんにちは。吉岡純子と申します。

私、3年前までニートでした。

健康、仕事、お金、恋愛……、すべてにおいて枯渇していて本当に苦しかったです。

ニート暮らしで貯金が底をつき、一念発起。

借金をしながらカウンセラーとして起業したところ、起業初年度の年商は3000万円。

次の年には年商は億を超え、その後もずっと年商・年収は右肩上がりです。

そして「令和の元日」に愛する彼と結婚もして、今は本当に幸せです。

苦しくっていつ死んでもいいくらい思い詰めていた日の自分を思い返すと、「幸せになることを諦《あきら》めず生きていてくれてありがとう」と抱きしめたくなるとともに、ひとりでも多くの方に宇宙理論を知って、実践してみてほしいと心から感じ、本書を書くことにしました。

☆なぜ今「引き寄せ」「エイブラハム」なの？

私が人生における行き詰まりから、抜け出すきっかけになったのは、あらゆる成功哲学や自己啓発書、スピリチュアルな教えにハマったことです。

その中で、いちばん最初に確かな手応《てごた》えを感じたのが、エスター・ヒックスが書いた『新訳　願えば、かなう　エイブラハムの教え』（ダイヤモンド社）というものでした。

とても有名な本なのでスピリチュアルや自己啓発などを学ばれている方なら、すでにご存じの方も多くいらっしゃるかと思います。

『エイブラハムの教え』は、「引き寄せの法則」の原点といえる教えです。

「引き寄せの法則」は、波動の法則ともいえるもので、自分に似た波動エネルギー（周波数）のものと引き合うという理論です。

その法則をうまく活用していくと、あなたは望む現実をすんなりと手に入れることが可能になります。

私も、今、自分の望んだ、いやそれ以上の幸せな現実を手に入れることができています。

今は、その私なりの実践方法をセミナーやYouTubeなどを通じてお伝えして、多くの方の現実を変えるお手伝いをさせていただいています。

現在の活動自体も、自分らしく楽しく仕事がしたい、という胸の奥底にいつも秘めていた願いが叶《かな》ったと感じています。

ただ、引き寄せブームをけん引した『エイブラハムの教え』を筆頭に、すでに世間には「引き寄せの法則」という言葉が浸透し、さまざまな角度、ステップからなる願望実現のためのメソッドや成功法が多く生み出され続けました。

その結果、「引き寄せの法則」に、少し古い、今さら感を覚える方もいるかもしれません。

なぜ、今このタイミングで、「引き寄せの法則」なの？　「エイブラハム」なの？

と疑問に思う方も正直いらっしゃると思います。

その理由は、まず、引き寄せを応用したあらゆる願望実現法が世に出た結果、

「たくさんありすぎて何から学んでいいのかわからない……」

「頑張って学んでも結果がぜんぜん出ない……」

「自分に合っているメソッドはどれ……？」

というようにたくさんあるメソッドの波にのまれ、いわゆる引き寄せ迷子やセミナージプシーになっているという方々がたくさんいるため、原点回帰をしてもらいたくて

基礎的な「引き寄せの法則」のお話をすることにしました。

☆今こそ原点に戻ろう!

この本を手にしてくれたあなたも、これまであらゆる引き寄せの法則に関するハウツーを試してきたかもしれません。でも、思うような現実を手にすることができなかった、いい線まで行っても結局大きな実感は得られなかった、などなど、引き寄せの法則やそれに準じたメソッドに対して、モヤモヤがある人もいるのではないかな、と思います。

その気持ち、よくわかります。私もだいぶこじらせていたからです。

そんな時だからこそ、大事なことは、原点に戻ることではないかなと思うのです。

原点を見つめなおしてみることで、問題解決の糸口が見つかることもあります。

具体的には、「エイブラハム」がいうところの、「**周波数合わせ**」という引き寄せの基本中の基本に立ち返ってみることです。

それがわからないんだよな、という方も、安心してくださいね。この本に出合った方は、これ以上遠回りしないで大丈夫です。この先は、幸せコース一直線でいきましょう。

まず、「エイブラハム」をまだご存じない方のために少し解説しておきます。エイブラハムとは、人物名ではなく、宇宙にある集合意識を指す名前のことです。

その宇宙の集合意識であるエイブラハムの言葉を、私たちと同じ人間であるエスター・ヒックスさんという女性が彼女自身に、〝おろして〟私たちに伝えてくれているものが、いわゆる一般的によく知られている『エイブラハムの教え』です。

『エイブラハムの教え』を一読しただけで理解できた人も、この広い世の中にはいるかもしれませんが、それは本当にすごいことだと思います。私は、難しくて何度も挫折《ざせつ》しそうになりました。

しかし、そう感じているのはどうやら私だけではなく、スピリチュアルや宇宙のお話が大好きな方やその道のプロの方も、エイブラハムは難しいと感じることが多いようです。

なぜそんなに難しく感じてしまうのか。

私なりに考えてみたのですが、まず、エイブラハムの言葉は宇宙の集合意識から発信されている言葉で、私たち人間が発する言葉でも、思考でも、法則でもない、というところがひとつあると思います。そのため、独特の専門用語が多くなり、漢字やカタカナだらけなので、難しい専門書のように感じてしまうのです。

さらに、私たちは日本人です。エイブラハムの言葉を伝えているエスターさんは英語圏の人です。やはり、普段使っている言語が異なるため、それを直訳されても馴染《なじ》みのない日本語に訳されるために、エイブラハムが伝えたい本質的な部分がキャッチしづらく、とくに難しく感じるという側面もあるのだと思います。

普段慣れ親しんだ言語や思想、宗教や文化が異なれば、受け取り方がわからず、〝腑《ふ》に落ちる〟感覚を得られないからです。

『エイブラハムの教え』に限らず、ロンダ・バーンの『ザ・シークレット』（角川書店）やナポレオン・ヒルの『思考は現実化する』（きこ書房）、ジョセフ・マーフィーの『マーフィーの法則』（三笠書房）など、引き寄せの法則や成功哲学は海外からやってきたものが多いのです。そこから学び始めて、私と同じような悩みにぶつかっている人も多いのではないでしょうか。

☆ 2年間こじらせまくった末の大成功！

「わけわかんないな〜」とぼやきながらも、私がエイブラハムから離れなかった理由は、そこに真実があると感じたからです。
『エイブラハムの教え』で伝えている宇宙法則の原理は、真実であり真理であるということは多くの人が知るところだと思います。

この本を手にしてくださったあなたも、「宇宙の法則というものが働いているのはわかっているよ。でも、その先がうまくいかない」、要は現実創造に結び付いていかないというところでつまずき、悩んでいる人がほとんどだと思います。そう、「周波数を合わせる」という部分です。

私はわからないながらも、宇宙の法則のことだけは信頼し、少しずつ理解を深めていきました。
本に線をたくさん引っ張って、何度も何度も繰り返し読み、ワークショップに参加したりもしました。そして「こうかな?」「ああかな?」と試行錯誤しながら検証してみました。でも、なかなかうまくいきませんでした……。

そして、エイブラハムのいう「波動を上げる」というところにフォーカスしつつ、他の多くのスピリチュアルメンターたちのメソッドや心理学、量子力学、医学等々の考えも参考にしながら、自分なりに馴染みのある言葉や考え方などに置き換えて、検証をしてみたのです。

その結果、エイブラハムのいうところの、「波動が高い状態」というものを創り出すことができるようになり、引き寄せがうまくいきはじめました！

☆ 波動を高く保つことが、やっぱり大切だった！

「波動が高い状態」をキープする感覚を自分でつかめるようになると、私たちが幸せになるために『エイブラハムの教え』が伝えたいことは、やっぱり「いい気分でいなさい」。その一言だけなんだ、ということをものすごく実感します。

『エイブラハムの教え』には、いろいろと複雑な表現があり、あらゆる方向から説明しているので難解な内容に見えますが、そこをはずさないことこそが、あなたの望みを叶える肝《きも》になります。本当にそれ以上でも、以下でもありません。

☆高い波動＋行動することで現実になると確信

波動を高めておくことは、現実創造をしていくうえで絶対にはずせないことです。でも、残念ながら、それだけでは現実化には結び付かなかったりします。

宇宙にあなたが願い事をオーダーすると、宇宙のほうで仕込みが始まって、あなたにいろいろと必要な準備を促してきます。人によっては、それを宇宙からのサインといったりもします。私は、「**今できることを行動に移していくこと**」と解釈しています。

私は、もともとあまり体が丈夫とはいえず、医療機器の営業の仕事をしていた時、その無茶もあったのか、心臓病を患《わずら》った経験があります。そのため、無理に働いたらダメだと言われていた時期がありました。その時、「行動しないで現実は創れるのだろうか？」と、療養をかねた約2年間、実家の畳の上でゴロゴロしながら現実創造をする、という実験をしてみたのです。

そうしたら、ダメでした（笑）。

その後、動けるようになってから、行動をしてみると、やっと得たい現実が形となって表れるようになりました。

それに、行動するといっても、ものすごく大変なことや、難しいこと、嫌なことはやらなくていいのです。自分がやってみたいなと思うことをするのが基本です。それは、楽しいと思っていないと、自分の波動が乱れてしまうから意味がないのです。

「宇宙にいい気分でオーダー＋行動」

これが今、現実創造をスムーズに叶える私のベースになっています。

宇宙のサポートを得て現実創造することは、行動をプラスするにしても、どんなメソッドよりも簡単で最高で楽しいと言い切れます！

☆ネガティブでもまったく問題ありません！

「でも、その『いい気分』を創ることができないから困っているの……」

「どうしてもマイナス思考が止まらない……」

「行動する勇気が出ない……」

「失敗したくない……」

さまざまなネガティブトーンの肉声が日本全国から聞こえてきそうです。

どんなふうに今思っていても大丈夫ですよ。

なぜなら、そもそも私自身が地を這《は》うようなネガティブで、めちゃくちゃ低波動を放っていたのですから（笑）。

☆ 30年間、不幸のデパートにいました

ちょっと重い話ですが、お付き合いください。

私の今に至るまでの人生は、波乱万丈そのものでした。

小学3年生の時、見知らぬ男性から性的虐待を受け、その後摂食障害、うつを経験。

20歳前後で精神科の入退院を繰り返していました。

さらに、20代半ばに45メートル車に引きずられる交通事故にも遭いました。

その数年後、医療機器の営業の仕事に邁進《まいしん》していた時、とつぜん発作に襲われ病院に搬送。心臓病で余命1週間の宣告を受けました。

あまりにしんどくて、人生の途中で自殺未遂をしたことも数度あります。でも、いつも奇跡的に生き延び、その後の数年間、冒頭で書いたようにニートをしていたので

す。

今でこそだいぶ活発ではっちゃけた一面を講座やYouTubeなどでお見せしておりますが、根っこの性格まで変わったのかといわれたら「NO」です。

今もって臆病《おくびょう》で心配性なところもありますし、嫌なことが起こると最悪な場面を想像したりしてしまうこともあります。疑り深かったりするところもあります。元来、明るい性格、というよりは、根暗だと思いますし、家に引きこもっているほうが、安心する人間です（表面的には明るく見せていたので、学生時代や会社員時代の知り合いからは明るい人間と思われていたようです（笑））。

現実創造や引き寄せの法則では、高い波動でいること、ワクワクすること、が大事と耳にタコのようにいわれますよね。だから、自分がうまくいかないのは、ネガティブな性格のせいなのかもしれない、と悩んでいました。

でも、違ったんです！　現に私は救いようのないネガティブで、今もそういうところがありますが、こうして現実創造ができています。

元来ネガティブだろうが、低波動だろうが、ラジオをチューニングするみたいに高波動に切り替えて、そこに浸る時間を長くしていくことで、思うような人生を創り出すことができるのです！

☆ 二極化する世の中を生きるために必要なこと

今、新型コロナウイルスの世界的なパンデミックで、世の中の不透明さが増しています。

当たり前の毎日がどれだけ幸せなことであったか、感じている人も多いかもしれません。この先どうなるかわからない。食べていけるかわからない。リストラされた。人生計画が崩れたなど、壁にぶち当たっている人もいらっしゃると思います。

これからどうしたらいいんだろう。

そう思った時こそ、自分で選択して幸せになっていくチャンスだと私は思っています。

スピリチュアルな世界では、これからは、あらゆる面で二極化が進んでいくといわれています。

それは貧富の差のこと？　と思う方も多いかもしれません。もちろんそれもあると思いますが、それはすべてのフェーズで起こってくると思っています。でもいちばんは、**楽しく生きられる人と、そうではない人の差が広がる**ことだと私は思っています。

自分という個の存在を輝かせ、自分の個性を発揮して、たくさんの人と一緒に幸せになりたいと考えていける人が、よりハッピーに豊かになっていける世の中になっていくと私は感じています。

楽しく生きる人とそうじゃない人の差が広がる

ある意味、「自分らしく生きたい」と思っている人にとっては、とても生きやすい世の中になっていくのです。

☆あなたは自由に現実を創造できる

今とても辛い状況にある方は、そんなふうにとても思えないかもしれませんし、好きでこんな状況になっているのではない！　と言いたくなるかもしれません。

厳しく聞こえてしまうかもしれませんが、今はもう、「社会が、世間が、親が、子どもが……」と周りのせいにしている場合ではないのです。

世の中はすごく速いスピードで進んでいます。

そういった思考は、もう捨ててしまいませんか？

だって、その状態では、人生を楽しく生きるなんて、無理だと思いませんか？

自分で現実を創り変えられると思えるか、思えないか。

それを受け入れているかどうかで、これからのあなたの未来は変わります。

どちらがいいとか、悪いとかいうのではなく、あなたはどちらでも自由に選ぶことができることを知ってください。


今どのような状況でも大丈夫です。

どんなに不幸に感じる人生や現実、毎日でも、宇宙とともに創り変えていくことができます。


少しも難しいことではなくて、私たちは、波動の存在や、感情の取り扱い方、高次元の存在たちとのつながり方や宇宙へのオーダーの仕方を忘れてしまっているだけなんです。

これまで、

「何をやってもうまくいかなかった」

「自分の人生にはもう期待できない」

「もっと幸せになってみたい」

そんな想《おも》いを少しでも抱えたことのある方は、〝本当の〟願望実現とはこんなにも楽しいものだったのか、ということを実感してみてくださいね。


宇宙のパワーはみんなに平等に降り注いでいます！

さあ、みんなで一緒に幸せな人生を創っていきましょう。

☆ 純ちゃん流　現実創造のやり方

これは、私の現実創造のメソッドを簡略化したものです。めちゃくちゃ大事なところだけピンポイントでまとめています。

宇宙理論を腑に落とす

どんな自分を生きたいのかを決めて、宇宙にオーダー

＊決めてオーダーしてから受け取るまで、「いい気分」で過ごしてほしいです。

宇宙がいろいろ手配

＊この間はネガティブが出やすいです。ネガティブ感情の取り扱い、受け取りを許可する技、決め直しの仕方、「いい気分」を継続することなどをお伝えしますね。

行動する

オーダーしたものを受け取る！

☆自由に現実を創っていこうとしているあなたへお願いしたいこと

これから私の現実創造のやり方をお伝えしていきますが、ゴールへのたどり着き方はひとつではありません。自分に合ったものを選んで実践していくことが大切だと思います。

今回、本書ではできるだけ実践的な方法をたくさんお伝えします。その理由はあるひとつの方法が突破口になってうまくいき始めることもあると思うからです。ひとたび自分に合った方法に出合えれば、主体的に動こうという気になれ、そこから意識も変化して行動そのものも変わっていくでしょう。

でも、私にとってはとても効果的なやり方であっても、あなたにも100%フィットするとは、あいにく言い切れません。

ですから、ちょっと違うなと思ったら、自分流にどんどんアレンジして試していただきたいと思っています。

できたら、「こんなふうにやってみたら、私はよかったよ！」など、メルマガへの返信やYouTube（魔法使いの学校・純チューブ）などで教えていただけたら、たくさんの方の参考にもなりますし、とてもうれしいです。

そして、もし、すぐに効果が出なくても、諦めないでくださいね。

私たちは、毎日同じ自分でいるつもりかもしれませんが、体調ひとつとっても昨日とまったく同じことってありません。

日々いろいろなことが起こり、あらゆる感情を味わっていますから、テンションも刻々と変わって当然です。

何が言いたいかというと、昨日はイマイチだった方法が、今日試してみたら思いの外うまくいった、というようなことも起こるんです。ですから、幸せになることを諦めないで、折に触れて、あらゆる波動を高める方法を試していただきたいと思っています。

目次

第2章☆さっそく、宇宙にお願いしてみよう

第3章☆オーダーから願いが叶うまでの「過ごし方」が超重要

第4章☆「引き寄せ」勘違いに気をつけよう

第5章☆引き寄せが加速する「黄金ルール」

第6章☆ 宇宙理論で大きなお金がずっと入ってくるようになる

第7章☆宇宙理論で望み通りのパートナーを創造する

第1章 宇宙はあなたの願いを叶え続けてきた

宇宙理論を知り、ブレたら戻ってください！

ここでは、引き寄せの原点ともいえる『エイブラハムの教え』を中心に、私なりの宇宙理論と現実創造について、最初にお伝えしていきますね。

この章は、引き寄せがうまくいかないな、と思ったり、読み進めていく中で、何がいちばん大切だったっけ？　と迷いが出たりした時に、読み返してほしいところです。

考えがブレたり、停滞感を感じたらすぐに宇宙理論の原点に戻るのがすべてにおいて正解ですヨ。

宇宙の法則はよーくわかっているよ、という方は、ココは飛ばして先に進んでいただいてもかまいません。
ただ、基礎を振り返ることで、思わぬ発見があって、自分のウイークポイントを確認することができると、現実創造の加速に役立つと思います。

最初に、私が「宇宙理論」と言っているものについて説明すると、「自分の波動を元に現実を創る」という宇宙の法則を〝宇宙理論〟と呼んでいます。波動の法則、引き寄せの法則ともいえ、誰にでも平等に働いているものです。

なぜ波動しだいで、現実創造が違ってくるのか、その宇宙理論をしっかり腑に落としておくことは、願いを叶えていくうえではずせません。
どネガティブで自己否定しまくっていた私が現実創造がうまくいった理由は、ひとえに宇宙理論を信頼しているからなんです。

エイブラハムは、引き寄せの法則は、「それ自身に似ているものが引き寄せられる」

というふうに言ったりします。

この言葉の前提になっていることは、**「すべてのものは波動であり、波動以外のものは何ひとつない」**ということです。

そんなことを言っても、自分という人間は物質として、ここにいるではないかと思いますよね。実は、私たちの目に物質として見えているものも、極々小さなミクロ以下の単位まで分化していくと、なんと「波動」になるのです。

つまり、私たちは波動だ！　ということです。

それは、量子力学という分野で説明することができます。

☆ 私たちは波動だ！

ちょっとややこしいので、要点だけ絞って説明しますね。

量子力学の研究では、私たちの意志や意識が物理現象を起こすきっかけをつくって

それ自身に似ているものが引き寄せられる

いるということがわかっています。

私たちの体も、あなたが手にしているこの本も、スマホも、コーヒーも、物質は小さく分割していくと分子→原子となっていき、さらに原子核というものになります。その原子核は小さな素粒子《そりゅうし》という粒のかたまりでできています。物質の最小単位が素粒子です。つまり、万物は元を辿《たど》ればみんな素粒子でできているのです。

素粒子は、ミクロの世界では粒としての性質と波としての性質のふたつをもっています。

人間に観察されるまで（人間が無視している間）は不確定な波の状態でこの宇宙に漂っています。しかし、ひとたび人が意識を向けると、物質化されるのです（専門用語でそれは「観測問題」というそうです）。

たとえば、「彼が欲しいな〜」と思うなら、「彼がいる！」としっかり意識を放たなければ、波動は波状態のままで、いつまでたっても「彼」は物質化せず、現実に現れない、という仕組みなのです。
つまり、現象を生み出すためには、あなたの意志（明確な決意とコレが欲しいぞという強い願望）を、宇宙に先に送り出さないと何も始まらないのです。

この波動が物質化することについてエイブラハムは、「波動というのは、波動であるものを自分の意識と五感によって解釈することで物質の固まりのように見えさせているだけ」というような表現をしていますが、要は、「**しっかり欲しいものを決めなさい**」、ということだと私は理解しています。

つまり私たちは物質世界に暮らしていると思っていますが、本当は、波動の世界に生きているということです。
さらに、自分の周りに在るものや、自分に起こる現象は、自分が意識を向けた結果、物質化して現れている、ということであり、**あなたの今いる現実はあなたの波動と常に一致している、自分の波動とは異なる波動のものが引き寄せられてくることは**

あなたの意志を宇宙に送り出さないと
何も始まらない

絶対にありえない！　ここが超重要な宇宙理論の肝になります！

したがって、今、この本を読んでくださっているあなたは、私の波動と一時的にでも同調しているってことなのです。

反対に言えば、自分の波動と同調していない事象が自分に近づいてくることも絶対にありえないということであり、縁が在る人々と縁がない人々とに人間関係も分かれていくのです。

もし、自分が今までとは異なる生き方をしたいと思うなら、外側にそれを求めるのではなく、何よりもまずは自分自身の波動を変えることです。

そして、手に入れたいものに焦点を合わせ、それがすでに手に入った状態の波動に自分をもっていけば、波動同士が共振共鳴し、望むような現実が創られていくのです。

こういった本がはじめての方は、すでに戸惑っている方もいるかもしれませんね……。無理に信じなくても大丈夫ですから、そんなものかな？　くらいでお付き合いください。先に進めますね。

☆ 私たちの魂は宇宙からやってきた

私たちは波動だ！　となると、その波動の大本はどこ？　どこからやってきたの？　って思いませんか？

エイブラハムは、波動の源は、ソースであると言っています。

ソースは英語でsource。直訳すれば「源」のことです。ですが、「ソース」「源」と言われても今いちピンとこない方も多いのではないでしょうか。正直私自身も、はじめてそれを見聞きした時は「何それ？」と感じてしまったのが本当のところです（笑）。

どれかひとつが正解というより、どの表現も正しくて、あらゆる見方ができるんだと思います。

そこで私はソースについては、こんなふうに考えました。

私たちは生まれる前、お空にいて、魂しかないエネルギー体、つまり波動であって肉体はもっていませんね。人が亡くなると、日本人は「天に帰った」とか「お空に帰った」とか「天国に行った」とか言います。

ソースというのは、そういう「魂のふるさと」的なところだと私は解釈したんです。ですから、ソースはみんなのご先祖様であったり、ご縁のある神様であったり、高次元の存在がいる場所と理解しています。

YouTubeやメルマガなどでは、単純に「宇宙」と言っていたりしますが、私の中では魂の帰る場所という意識で、愛と創造のパワーの源であり安心安全なあたたかい場所のイメージです。本書でも、特別な場合を除き、私が「宇宙」という時は、エイブラハムの言うところのソースであり、魂のふるさと、愛と創造の源のことだと思ってください。

さらにエイブラハムは現実創造について、「ソースにつながり、ヴォルテックスの中にあることで現実が創られる」と言っています。

出た、ヴォルテックス！　このヴォルテックスという言葉も、そのままでは、なかなか日本人には理解できないのではないでしょうか。

ヴォルテックスは「波動の渦」と表現されています。その波動の渦は目に見えないけれど、地球上のそこら中に渦巻いていて、自分で選ぶことができるよ、とエイブラハムは言っています。

んーーー。わかりますか？　「波動の渦を選ぶ」と言われても、「はて？」ってなりませんか？

私は、ヴォルテックスについては、シンプルに「感情」という言葉に置き換えて考えるようにしたところ、あらゆることに合点がいきました。

先ほど、自分が今とは異なる生き方をしたいなら、それがすでに手に入った状態の波動に自分をもっていけばいい、とお伝えしましたが、具体的には、「すでに手に入った状態の感情を感じて、その波動を放っている」というのが、「ヴォルテックスに入った状態」ということです。

たとえば、「好きなだけ南国のビーチで寝そべって遊んでいたいな〜」と思ったら、「今」ここで、ビーチで寝そべっている自分を想像して、ニヤニヤしながら、その感情を味わいます。その「いい気分」をたくさん感じて、キープすることができればできるほど、現実として創られる、という原理なのです。

「いい気分でいる」ことが、現実創造の鍵であることが、じょじょにわかってもらえていますか?

実は、「いい気分でいる」ことが重要な理由がもうひとつあります。

宇宙（ソース）のエネルギーというものが、「いい気分」の凝縮された最高の波動であり、あなたの願いをすべて叶えてくれるエネルギーだからです。

本来、私たちの魂はソースからやってきたのですから、そのエネルギーは私たちの中にも流れています。でもそれを忘れてしまっているのですね。

だから、エイブラハムは何より大切なことは、「ソースにいたことを思い出すだけ」

ニヤニヤしながらその感情を味わう

と言ったりするのです。

あなたが、どんな状況にいても、この瞬間を「いい気分で過ごす」＝ヴォルテックスに入ることを選択すれば、それはソースと同調することになり、望み通りの自分自身、健康、経済的豊かさ、夢の実現など、何でも手にすることができる世界の扉が開くよ、ということなのです。


私たちは、常に波動を宇宙に送信し続けていて、その波動のレベルに応じた現在と未来が創られています。

今この瞬間のあなたの波動が、あなたの世界を創り出しているんです。

☆ 宇宙はあなたの波動に応答し続けています！

「いい気分でい続ける」ことは、最初は難しいかもしれませんが、やり続けていると面白いことが起こります。

いい気分でいることに意識を合わせていると、どんどん似たような感情が湧《わ》いてくるようになります。これも、引き寄せの法則です！

地上には多様な人がいます。あいにく中には、「引き寄せの法則なんてない」「ぜんぜんうまくいかない」と怒って言い続けている人もいます。

エイブラハムによると、それさえも宇宙理論にあてはまっています。なぜなら、その人は「引き寄せの法則なんてない」「ぜんぜんうまくいかない」という波動を発し続けているから、それと同調する現実を見ているだけだからです。

「うまくいかない」「うまくいきっこない」「あやしい」「私にはできない」といった気持ちをもってしまうこと、理解できます。

無理に信じる必要はぜんぜんありません。ただ、本当に叶えたい望みや理想の人生というものがあるのなら、信じる信じないは一旦脇に置いて「いい気分でいる」ということをやってみませんか？　それは、毎日を楽しく暮らすうえでもソンはないのではないでしょうか？

あなたが宇宙のパワーを信じても、信じなくても、宇宙はあなたの波動に応答し続けています。

今この瞬間も、自分が出している波動は応答され続けていて、拡大、増幅され続けているんです。

「怒り、悲しみ、争い、分離、不安、恐怖、不足、枯渇」という世界と、「愛、感謝、確信、喜び、平安、幸福、豊かさ」という世界、あなたはどちらの世界で暮らしたいですか？

「愛、感謝、確信、喜び、平安、幸福、豊かさ」というエネルギーは、まさしく宇宙の表れです。それを望むのなら、あらゆる抵抗を手放してその意識に自分自身を乗せていきましょう！

どこに意識が向いているかが先、現実は後から創られるのです！！

波動が先、現実は後！

ここを覚えておいてくださいね。

波動が先、現実は後!

第2章

さっそく、宇宙にお願いしてみよう

現実創造のための3ステップ

ここからは具体的に、私流の現実創造の仕方を説明していきますね！

宇宙理論にのっとりますと、欲しいものがあるのなら、まずオーダーありきです。聖書にありますが、「求めよ、さらば与えられん」なのです。

欲しいものを得る、願望を成就するためには、与えられるのを待つのではなく、みずから進んで求める姿勢が大事になってきます。

遠慮せずにじゃんじゃんオーダーしていいっていうことです。「ケーキが食べたい」という比較的小さな望みから、「痩《や》せたい」「結婚したい」みたいな切実な悩みから、「世界で成功したい」といった大きな望みまで、今の自分は一切基準にせず（ここポイント！〕）、オーダーを出していいのです。

この宇宙には、現実創造のための3ステップ、というものが働いています。

ステップ1　あなたが宇宙にオーダーします
ステップ2　オーダーをキャッチした宇宙が動き出します
ステップ3　あなたが現実として受け取ります

これは、「太陽が東から昇り、西へ沈む」「季節は春夏秋冬とめぐる」のと同様に普遍的な法則です。

そうなると、オーダーを出さないと始まらない、とわかりますね。とにかく自分自身が創りたい現実を宇宙に求めることです。

求めた後は、ステップ2として、キャッチした宇宙がそれに沿って現実を創り出す流れを運んでくれます。これは宇宙側の仕事ですから、ある意味、人間は何もしなくてよく、待っていればいいんです。

そして、最後の3つ目のステップで宇宙から与えられた答えを受け取ります。『エイブラハムの教え』では、「許可をする」「しっかりと自分たちが受け取れるように招き入れなければならない」などと書いていますが、簡単に言えば、「オーダーを出したのだからしっかり受け取りましょう」ということです。

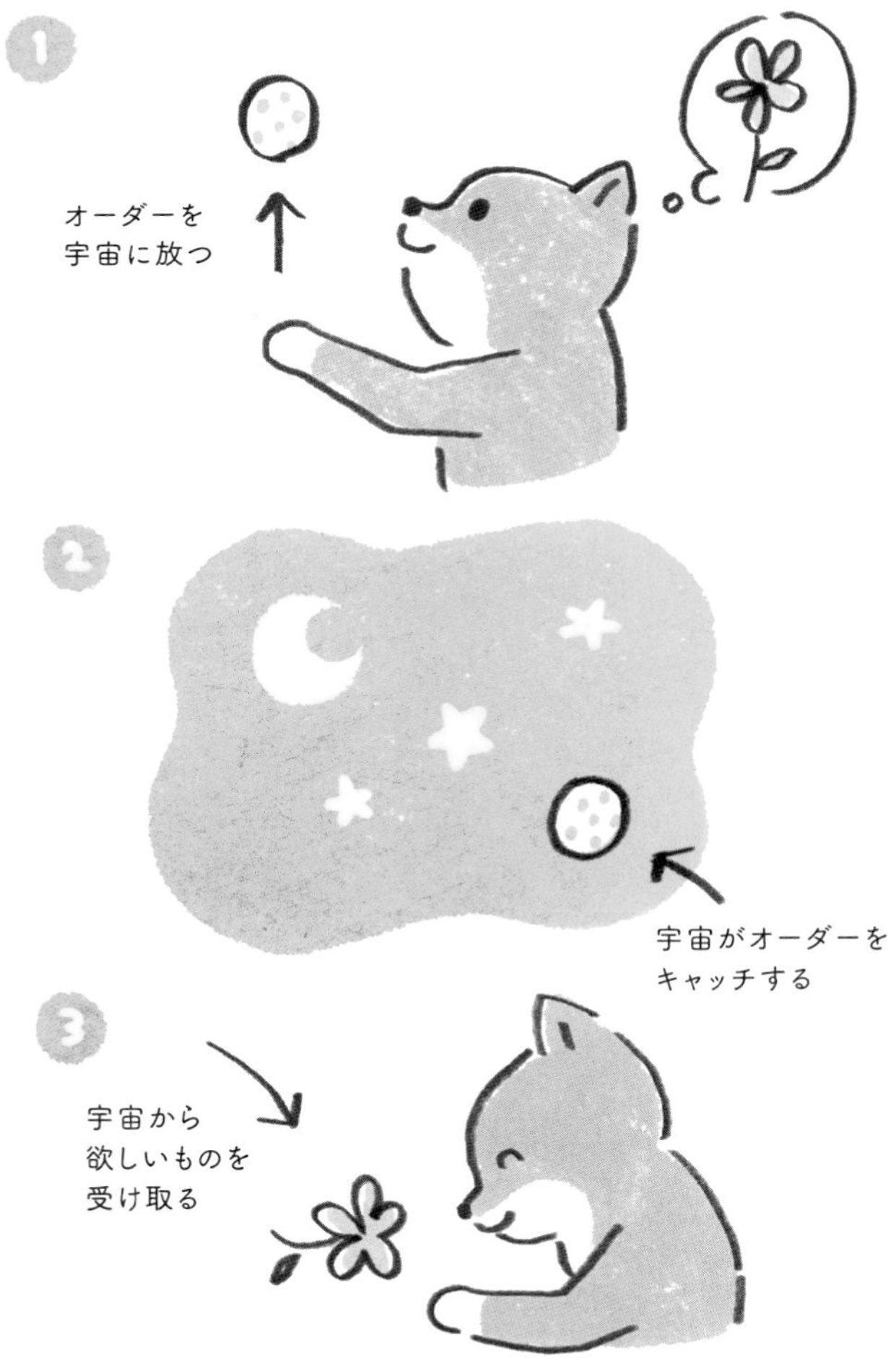
1
オーダーを
宇宙に放つ
2
宇宙がオーダーを
キャッチする
3
宇宙から
欲しいものを
受け取る

「こうなったらいいな〜」では叶いません

オーダーをする時は、「こうなったらいいな〜」とか「〜したいなあ」という状態だと、いつまでも「こうだったらいいな〜」っていう状態を感じ続ける現実を生きることになってしまいます。

「こうなったらいいな〜」「こうしたいよね〜」という波動を送り出しているから、指をくわえて見ているような状態、手に入らない状態を現実として宇宙は創ってくれてしまうのですね。

いきなり核心を言いますが、「こうしたい」から一歩進めて、**「こうなる！」と決める**ことがすっごく大事です。

こんなお話があります。セミナーに参加してくださったある女性が報告メールをくれました。

彼女は長年お付き合いしている彼がいて、結婚したいけど、なかなかプロポーズしてくれないことにモヤモヤしていたそうです。

そこで、「私が私をしっかりと幸せにしてあげるんだ！　幸せになるって決めた！そのために結婚する！」と、いつになくハッキリ宇宙にオーダーをしたところ、たった数日後に、彼が指輪の箱をパカッとやってプロポーズしてくれたのだそうです!!

そのメールの文面から「決めた」というところの意志の強さがヒシヒシと感じられて、やっぱり決断って大事。現実が創られるきっかけになっているんだということがよくわかりました。

☆「決める」ってどうやるの？

では、「決める」というのは具体的にどうするか。これは、拍子抜けするほど簡単です。

「私は〜するぞ」「私は〜になる！」と脳内で宣言するだけ。

もちろん、ノートに書いても、声に出して言ってもＯＫです。しっかりと決意することが大事なんです。

「私はこうなるぞ」と決めて、その夢が叶った時の自分を想像してその感情を味わうことをしていると、宇宙はその願いが叶う段取りをスタートさせてくれます。

たとえば、ビジネスで「年収1億円になる」と決めて、それが叶った時の自分の感情を味わうと、あなたは、これまで自分がいたステージとは違うステージの波動状態に変わります。それを宇宙がキャッチして、新たなプロセスを創り出してくれるのです。

不思議なことに、本気で「決める」と、自分の内側から出てくるアイデアであったり、心から湧き上がってくる声も変わってきます。

具体的に説明すると、

「年収1億円と決めた」

⬅

「だったらどうする？」

⬅

「3か月後には、新しいネットビジネスを軌道に乗せたいな」

⬅

「私が得意なことで世の中に提供できるものは何だろう？」

「こうなる!」と決めることが大事

こんなふうに、自分への問いかけが自然と出てくるようになったりするのです。実はこれも、オーダーしたことで宇宙からのインスピレーションを受けて考えが湧いてくるのですよ。

私の場合は、「〇〇になるぞ」と決めると、「自分が半年後〇〇になるためには、今これが必要だな」と逆算してプランニングするようなアイデアが降りてくることが多いです（必死に逆算しているわけではなく、不思議とそうなっている感覚）。現実もそれに沿って、ゴールに必要なあらゆる事象が逆算して起きてくる感じがあります。

これも人によりけりです。すべて宇宙の流れにまかせたいという人は、

「自分のペースで楽しく目標を達成する！」

「宇宙さんにプロセスはおまかせします。その流れで行動していきます」

など、どんなふうにゴールに到達したいか、そこも決めてオーダーすると、宇宙がそのように段取りをつけてくれるでしょう。

☆ 決めたら動く！

地球は「行動の星」であり、宇宙の法則の中にも「行動の法則」があるために、オーダーを出したら何もしないで待っていればいい、ということはほとんどないです。

食べ物や日用品など、比較的身近なものは、宇宙にオーダーしただけで、誰かからおすそ分けをもらったり、田舎のお母さんが送ってくれたりといった感じで手に入ることが時々はあるかもしれません。

それもとても楽しい成功体験で、そういう比較的小さな現実創造も、たくさんして

ほしいと思いますが、「結婚すると決めた」「起業すると決めた」など、ほとんどの夢や希望は、「決めて」オーダーを出したら、行動を促されるものです。

宇宙理論は、「決めたら動く」。

この法則にのっとっていると覚えておいてください。

それは、私たちが肉体をもっていることに関係しています。

なぜ私たちが肉体をもっているかというと、それは行動するためだからです。

肉体を使って行動することで、さまざまな体験をして魂を成長させてくれることを宇宙は望んでいるのですね。私たち人間の魂が成長して豊かになるほど、宇宙も豊かになれるからです。

私たちは行動するために地球にやってきている、といってもいいくらいです！

☆決断と行動は、成功哲学のテッパン！

なぜ私が「決めて、動く」ことがどれほど大切かわかったかというと、アンドリュー・カーネギーという大富豪と、成功法則で有名なナポレオン・ヒルが出会った話を知ったからです。

今から百年ほど前の話なのですが、アンドリュー・カーネギーさんは、世界の鉄鋼王として名を馳《は》せていて、無名の雑誌記者だった青年ナポレオン・ヒルに出会ったのだそうです。その取材は、三日三晩にわたりカーネギー自らが培った成功ノウハウを語り尽くすというものでした。

そして3日目の夜、カーネギーはヒル青年にこんな提案をしたそうです。

「私のノウハウを成功哲学のプログラムとしてまとめてくれないか？　私は５００名の成功者を紹介しよう。期限は20年。ただし、資金の援助は一切しない」

ヒルはこれを快諾しました。答えに要した時間はわずか29秒！

ヒルは「成功法則」を体系化するとともに、各界の精鋭500余名に取材し、そのノウハウを吸収していきました。

彼らの思考、行動、経営方針、組織運営、トラブル時の対応といったビジネスに関する事項はもちろんのこと、人との接し方、立ち居振る舞い、表情、話し方、嗜好《しこう》といった人間性に至るまで、ありとあらゆるデータを収集しました。

何が彼らを成功へと導き、どのような資質や要素が現実に成功するために必要なのか。実際に自分の目で見て、また体験した事実のみを詳細に分析していった結果、成功者には共通の資質があることに気づきました。

それが**決断と行動**だったのです。

成功者は、目標が明確で、達成したいという強い決意のもと、物事に積極的に取り組む。行動をしなければ状況は何も変わることはありません。

地図を見て
行先を決める

目的地に
向かって進む

「どうせ……」といって動かなければ、いつまでたっても成功に近づくことはない。まずは行動を起こすことなのです。

ちなみに、その成功プログラムは、「ナポレオン・ヒル・プログラム」と呼ばれて、今日のさまざまな成功法則の原型となっています。

☆「決断と行動」の2大パワーだけでも、結果はついてくる

ナポレオン・ヒルを筆頭に、成功法則や成功哲学を提唱している人はたくさんいますが、決断と行動の重要性を確実に唱えています。

私は、営業の仕事をしていた時に、この手の成功法則本をたくさん読んで、「決断」と「行動」をモットーに働いていました。というのも、すばらしい結果を出している、いわゆる「売れている営業パーソン」の先輩たちは「決断力」と「行動力」がズバ抜

けていたからです。
ですから、宇宙理論とかを信じなくても、**「決断と行動」の2大パワーだけでも、結果は必ずついてきます**。とくに、数字を上げる、お金を稼ぐ、という点ではとてつもなく有効です。

ただ私の場合は、「数字が上がった」「お給料が上がった」となっても、その状態が本当に幸せか？　といったら心の底から「イエス」と言うことができませんでした。「数字が上がった」「お給料が上がった」だけでは、ちっとも満たされて幸せな気持ちになったことがなかったのです。結局、病気になってやっと自分の本心を見つめ直すことになりました。

それからは、まず、**自分が本当に望むもの、自分にとって心からの幸せ**というものを、第一に考えるようになりました。
心が平和で自分が毎日楽しく仕事をして、愛する人と幸福をシェアしながら生きる、という目標に変えたのです。

ちょうどその頃、『エイブラハムの教え』や『ザ・シークレット』、バシャールなどを知って、宇宙理論にのっとった引き寄せの法則に強く惹《ひ》かれました。

ただ、日本で広まった引き寄せの法則は、「ワクワクしていればＯＫ」「オーダーしたらほっとけばＯＫ」など、それは宇宙理論をよく理解していると、極論としては正しいのですが、フワフワしすぎているように感じていました。

私は営業時代に培っていた「決断と行動」がどれだけ成果を上げてくれるかを知っていたので、両方を組み合わせればいいじゃん！　と考えるようになったのです。

決めたら、動くって本当に大事ですよ。

ダイエットはとてもわかりやすい例だと思います。

「痩せる」と決めたからって、寝て起きたらナイスバディになっていました！　というようなことは残念ながらないのです。

「痩せてきれいになる！」と本気で決断すると、宇宙はあなたに必要なプロセスを必ず開いてくれます。

「運動をしてみる」「食事に気をつけてみる」といった行動をしたくなったり、「テレビでダイエットのいい情報をキャッチする」ことがあったり、「やってみたら大して苦労なくできてしまったり」というふうに。それに運ばれるように、行動していくことがゴールへの近道になるのです。

ただ、「決断」と「行動」をする中で「結果」や「成果」にだけとらわれてしまって苦しくなってしまうこともあるので、「情熱」や「ワクワク」ももちながら、「決断」と「行動」はしてください。

また、お金・パートナーシップ・健康などすべての面での充実がなければ、〝幸せ〟を感じて生きることは難しいので、バランスを崩さないようにだけ気をつけてください。

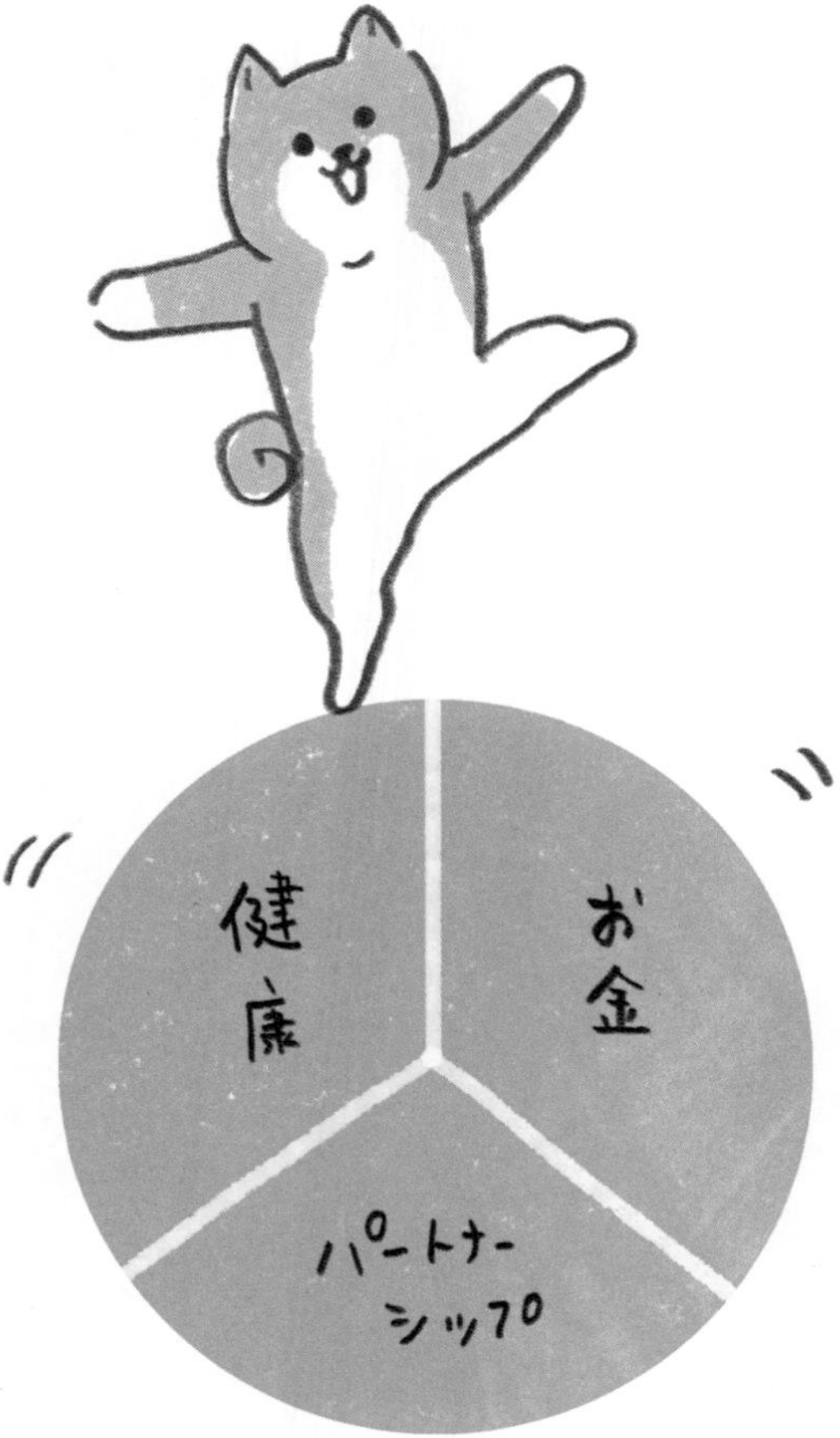

お金・パートナーシップ・健康など
バランスよく満たされることで"幸せ"を感じる

オーダーはヴォルテックスの中からしてください！

オーダーを出す時&その後は、エイブラハムの言うヴォルテックスの中にいることをぜひとも意識してみてくださいね。「**いい気分でオーダーを出す**」ということです。

しかし、その「いい気分」、ヴォルテックスの中にいる感覚がイマイチよくわからないと質問をたびたびいただくので、詳しくまとめておきたいと思います。

ヴォルテックスは周波数7・5ヘルツとも言われたりしますが、それを日常で正確に確認することができる人はまずいませんよね。

ヴォルテックスの周波数を表すキーワードは、安心、信頼、陽気、歓喜を感じる状態などと言われます。それを一言で、「いい気分」と言っているのです。

でも、人によって「いい気分」って違うものです。どの表現が正しいとか、間違っているとかではなく、**あなた自身が感じる「いい気分」を大切にして**ほしいのです。

ヴォルテックスは、バシャールでいうところの「ワクワク」とも置き換えられますし、ＮＬＰ（神経言語プログラミング）などでは「想念が軽い状態」と言われたり、マーフィーの法則では、「潜在意識と顕在意識がイコールの状態」というような解釈をされています。

これらの説明で、どれかひとつでも「なるほどねえ」、と納得できればいいのですが、感覚として今いちつかめない人のほうが多いようです。

私は、ヴォルテックスの中にいる時の感覚は、大きくふたつあると考えています。

◆アドレナリン出まくり、盛り上がっているワクワク集中系

「好きなことに夢中になって時間を忘れている時」

「やる気マックスでベストを尽くして行動している時」など。

◆ゆるゆるウトウト、リラックス系

「ニヤニヤと妄想に浸っている時」

「寝る前のウトウトしている時」

「ちょっと酔っ払ってふわ〜っとしたいい気分の時」

「春に電車に揺られてうつらうつらして気持ちがいい時」

「何の心配もいらずおだやかで平和な気持ちでいる時」

「お腹いっぱいで大満足な時」など。

いかがでしょうか？　何となくつかめてきましたか？

なかでも「ニヤニヤと妄想に浸っている時」は、ヴォルテックスに入るテクニックとしてとってもお役立ちです。なぜなら、オーダーした後、それがすでに叶った状態を味わうためには、妄想、いわゆるビジュアライゼーションをして脳内で映像を流し、五感でその感覚を味わうと、現実化が一気に加速していくからです。

☆感情のスケールと「いい気分」

エスター・ヒックスさんの著書『新訳　願えば、かなう』（ダイヤモンド社）では、人間の感情を22種類に分類しています。

1に近づくほど、エネルギーの高い状態、22に近づくほどエネルギーの低い状態です。

ざっくりのイメージで捉えるなら、ヴォルテックスの中にいる状態は1～7となるでしょう。でも、これを覚えるのは大変ですし、ひとつひとつの言葉をよーく見てみると、わかるようで、わからないようなものもあります。

感情のスケール

1	喜び、気づき、力があるという感覚、感謝、自由、愛
2	情熱
3	熱意、意欲、幸福
4	前向きな期待、信念
5	楽観的な姿勢
6	希望
7	満足
8	退屈
9	悲観的な姿勢
10	不満、苛《いら》立《だ》ち、焦り
11	打ちのめされている状態
12	失望
13	疑い
14	心配
15	非難
16	落胆
17	怒り
18	復讐《ふくしゅう》心
19	嫌悪、憤り
20	嫉妬《しっと》
21	不安、罪悪感、自信喪失
22	恐れ、悲しみ、鬱《うつ》状態、絶望、無力感

『新訳　願えば、かなう』（ダイヤモンド社）より

私の考え方では、上7つが「陽」のエネルギーで、ワクワク系、もしくはリラックス系。以下は「陰」のエネルギーで、ネガティブ全般、と考えています。ですから、7以上の状態の時にオーダーを出したり、その後もその状態を保てるように努めてみてください。

☆ 現実創造ができた日の衝撃!

白状しますと、エイブラハムを知ったはじめの頃は、自分がヴォルテックスの中にいる、つまり、陽の波動を出していればハッピーなことが現実化するなんて、「そんなにうまくいくものか。バカじゃないの」って思っていたんです。しかし、そんな考えを吹き飛ばしてくれた、ある小さな実験がありました。

ある日、引き寄せの法則の流れを汲む、パム・グラウトさんの『こうして、思考は現実になる』(サンマーク出版)という願望実現法の本を読んでいました。

パムさんは本の中で、マーフィーの法則が提唱する「思考は必ず、現実世界に影響を与える」ことを確認するために、9つの簡単な実験を提案しています。

そのひとつに、「フォルクスワーゲン・ジェッタの法則」とパムさんが名付けているものがあります。これは、自分の思い込みや期待に沿ったものを引き寄せる実験で、「48時間以内に、黄色いフォルクスワーゲンと黄色い蝶《ちょう》を見つけること（テレビ映像でも、絵でもOK）」というものです。

実は、私たち人間がキャッチしている情報は、情報全体の100万分の1％の、そのさらに半分なのだそうです。つまり、私たちは自分が見たい世界をあらかじめ決めていて、自分の信念や思い込みに合わない情報は捨てている！という前提で、この実験をしています。

私は、ちょっとその実験が面白いなと思って、やってみました。「48時間以内にチョウチョを3匹見せて」と宇宙にお願いしたのです。

結果！　1匹も見ませんでした……（笑）。

ガーーーン。パムさんは、けっこう余裕で成功している感じでしたが、やっぱり私は引き寄せ力がないんだと、ガックリ。まあ真冬だし、ココ池袋だし（その頃は東京の池袋近辺に住んでいました）、春でもチョウチョなんてあんまり飛んでないよねー、と自分をなぐさめてみたり……。

でももう1回だけやってみようと思って、今度は寝る前のウトウトした状態の時に、「明日チョウチョを見せてね」と宇宙にお願いして眠りについたのです。

す・る・と！　翌日池袋の繁華街をプラプラ歩いていたら、チョウチョのヘアアクセサリーを付けた女性、タクシー会社のチョウチョのマーク、アナスイのコスメカウンターにチョウチョのマークなどなど、続々チョウチョを目撃したのです‼

いたいたいた！　次々チョウチョが見つかって、まるで自分にチョウチョが引き寄せられてくるような感覚。

これが「思考が現実化する」。引き寄せが働いた、ということか！

はじめて現実創造が成功したことで、「こういうことなんだ」と、体でその感覚をつかむことができたのです。

すごく簡単な実験なのですが、私にとっては目の前を覆っていた分厚いカーテンがいっぺんに取りはらわれ、希望の光がさんさんと降り注ぐような体験でした。

☆自分にとっての「いい気分」を知っておこう

この実験からわかったことは、現実創造のために何が大切なのかといえば、自分が何を見たいのか、そこをはっきりすることが、まず大事ということです。

私は、1回目の検証は失敗しています。2回目とどこがいちばん違っていたかを検証してみると、それはオーダーした時の感情でした。

1回目の時は、本を読んでいる途中で、面白い実験だけど「またどうせダメだろうな〜」と思いながらオーダーを出していました。

2回目は、寝落ち寸前のウトウト状態でした。

それはまさにヴォルテックスの状態です！　だからうまくいったんだと思います。ウトウトしていたせいもあってか〝疑い〟や〝不安〟などの〝抵抗の波動〟が出ていなかったことでも、成功につながったんだと思います。


ヴォルテックスの中というのは、ワクワクとか、歓喜とか、飛び上がるテンションが高い感覚を連想している人が多いかもしれませんが、ウトウトとかリラックスでもぜんぜんＯＫなのです。

どうですか？　ワクワクは抵抗あるけど、そっちなら得意だよ、という人もいるのではないかな、と思います。ぜひ自分にとっての「いい気分」を確認して、それを続けるようにしてみてくださいね。

自分にとっての「いい気分」を知っておこう

☆頭がお花畑になったもん勝ち！

とはいえ私は、もともと左脳が強い人間で、いろいろ分析したり、結論付けて考えて、根拠を求めるタイプでした。

営業の仕事をしていた時は、目標の数字を常に追っかけていたこともあり、結局は結果を残していかないと意味がない。目に見えないものなんて信じられない。形になってから言ってくれ、みたいなリアリストだったんです。

だからこそ、「想像したことが現実化する」「いい気分でいると喜ばしい現実が創られる」という言葉は、地に足が着いていない気がして、当初バカバカしいとすら感じてしまって、本気で取り組めてはいなかったんです。

でもね、〝今〟だからこそ強く断言できますが、妄想に関してはしたほうがいい。

頭がお花畑になったもん勝ち！　これ絶対です。

私が妄想を本気でしたわけは、本当に現実が創られるのかっていうところを見てみたかったのはもちろんなんですが、「そんなことしてるの？」って誰かにバカにされてもいい、アイツ頭おかしいよねと笑われてもいい、それでも幸せになりたかったからです。

今まで経験してきたような、苦しくて辛い毎日は、心底「もう嫌！」でした。「今日もいい一日だったな」「人生楽しいな」と思いながら生きたかったんです。だから、宇宙理論を信頼しよう。あいつバカなんじゃない？　あいつ宇宙人なんじゃない？　と言われてＯＫ。宇宙人になっちまえ！　というくらい幸せになりたかったんです。

宇宙から魂としてこの地球に降りてきて、この肉体に宿った。魂はまた故郷の宇宙に帰ることができるけど、この肉体は今生《こんじょう》1回切りのお付き合いです。そう考えたら、この私の命、体を使ってできることは全部やりきったというくらいにやりきりたい。この肉体を思う存分幸せにしてあげなくちゃ申し訳なさすぎる。そう思ったのですね。

それからは、宇宙理論に忠実に、「いい気分」に浸る妄想三昧《ざんまい》の日々を送っています。

そうしたら、昔の私からは想像できないような手に入れたかった現実が創られていきました。

大好きな人に愛されて大切にしてもらう。大きな病気を抱えていましたが、それも跡形もなく消えて健康になった。お金に困ることなく住みたい場所に住んで、着たい洋服を着て、旅行にも行けるようになった。

それは本当に私が頭にたくさんお花を咲かせて妄想していた結果なんです。

☆ 妄想は、「68秒間」は続けよう！

妄想をどれだけすればいいのか。私としては、オーダーを出した後だけではなく、一日に何度もチョコチョコと妄想していたほうがいいと考えています。

ただ、妄想することがあまり得意ではない人は、エイブラハムのやり方を参考にしてみたらどうでしょうか。

エイブラハムは、「まず得たいもの（オーダー）に17秒間焦点を定めると、それと一致する波動が動き出す。ただ、その17秒だけではまだそれほど引力は働きません。続いて、68秒間、思いっきり意識を集めると、波動がより強力になる。その波動は現実化が始まるのに十分です」と言っています。


68秒って、たった1分ちょいの話ですよ。

たとえば、通勤電車の中で「今日もかったるいな」「会社行きたくないな」「上司と会いたくない」「今日こそ企画書上げないとヤバイな」「雨降りそうでやだな」「ああ肩こりがひどい」「なんか今日いつも以上に電車混《こ》んでない？（怒）」など、1分くらいは余裕で自分が嫌だなと思うことを考えていたりしませんか？

その波動は68秒で現実化が始まってしまう。そして実際にそういう嫌な現実を見ることになるのです。

逆に言えば、68秒間「いい気分」になれることを考えていたら、それが現実化されるということです。

それだったら、日常のスキマ時間に十分できますよね。

会社でトイレに行った時などに、夢が叶ったらどんなことをしているかイメージして、その感覚を味わってみたら、現実が創られるきっかけにできるんです。

☆妄想は五感を使って感情を感じ切ることが大切

時々、引き寄せたい状況を妄想しているのに、できないという方の中で、妄想の中の映像に自分がいるのを第三者的に見ている方がいます。でもそれでは、あまり感情を味わうことはできません。

感情を味わうためには、妄想の中で自分が当事者になって、自分が相手と直でやりとりしているようにしてみてください。そうすると、その時の感情というものをしっかりと自分の中に湧き上がらせることができるようになります。

「味わう」ということがよくわからないという人は、これから私が言うことをイメージしてみてください。

目の前においしそうなケーキがきれいなお皿にのって運ばれてきました。

甘くていい香りがしてきます。

そそられている小さな銀のフォークを手にして、はしっこの部分をちょっと舐《な》めてみましょう。

これを読んで、口の中にヨダレが出てきた人、いい調子です！　そのケーキはどんな味ですか⁇　また、食べてみてどんな気分ですか⁇

感情を味わうってこういうことです。そういう妄想を1分ちょっとやってみてほしいのですね。もっと長くできる方は、やればやるほど効果が上がります！

五感を使って感情を感じ切ることが大事

純ちゃん流
オーダーを出すコツ
宇宙へのお手紙の書き方

具体的な宇宙へのオーダーの出し方というのは、すでにいろいろな本で引き寄せマスターといわれる方たちが提案されていると思います。

人によって微妙にやり方が違って、どれが正しいの！　と思う方もいるかもしれませんが、私の感覚では、どれも正しいのです。人によって性格的にやり方の合う、合わないがありますし、その日の気分によっても合う、合わないもあります。

ひとつの方法だけを試して、すんなり叶えばラッキーですが、すんなり叶わなくても自然なので、いろいろなやり方を楽しみながら実践してみてください。

これから私のやり方を説明しますが、ちょっと違うとなったら自分流にアレンジしてください。むしろそうやってカスタマイズすると宇宙へのオーダー力が上がっていきます！

私がやっている具体的なオーダーの出し方は、

・ノートに書く、スマホに書く
・神社で神様にオーダーする
・寝入りばな、バスタイムなどリラックスしている時にブツブツつぶやく
・マラソンなどしてハイな時に心で唱える
・未来の自分と交換日記をする

などです。

何よりオーダーする時の自分の波動に注意を払うようにしていて、まさに「いい気

分だな〜」と感じている時に、いずれかの方法で、オーダーを出すことが多いです。

オーダーを気分よく出すことがいちばんなので、願望をノートに書き出し始めても「あれ？　なんか違う」「乗らないな」となったら一旦やめます。そんな時は、お茶を飲んだりして、気分転換します。そうやってぐーたらして眠気に襲われ、ウトウト気持ちよくなっている時、妄想してオーダーを出す……なんてこともよくあります。

形式にこだわるよりも、自分の気分が高まっていたり、リラックスしていて気持ちがいい時を逃さないようにすることです。

☆ 宇宙にはぶっちゃけて書くのがコツ！

前述したどの方法でも、ちゃんと宇宙に届きますし叶えられるのですが、願いをノートやモバイルに「書き出す」というのは、定番中の定番ですね。

私も書き出すことはおすすめで、頭の整理もできますし、書くことによって「私はこれが望みなんだ」と欲しいものがより明確になって意識をフォーカスしやすくなるというメリットがあります。

私は、願望のリスト化もしますが、いちばんよくやっているのは、宇宙に向けて手紙を書くことです。

たとえば、「夕焼けがきれいに見える高層マンションで暮らしたい」という夢があるとしますね。そうしたらこんなふうに書き出します。

「宇宙さんへ、
いつも見守ってくれてありがとうございます。
最近、空をもっと近くに感じられたらいいな、と思うことがあります。小さい頃から夕景が大好きなんです。

1年後の今日、高層マンションの自分の部屋で夕焼けを感じながら瞑想《めいそう》して、みんなが平和を感じて生きる時間をたくさんもてるようなビジョンを受け取ったり、週末は大好きな彼とお酒を飲んだりするリラックスした生活がしたいな、と思っています。

そう思うようになったのは、最近忙しくさせていただいているからかもしれません。忙しいことも大好きなのですが、リラックスする時間も大好きで、両方バランスよく楽しみたいんです」

というように、思っていることをツラツラと、素直に書いてみることをします。どんなに長くなっちゃってもかまいません。

もし「私は、1年後高層マンションに住みます！」といい気分の状態で、強くまっすぐに宇宙にオーダーを出せたら、たった1行でもビューンと届くかもしれません。

でも、私はそれができる人はけっこう引き寄せの上級者だと思うんです。なぜなら、私の感覚では、そのやり方は一見簡単そうに見えますが、その後、不安になりやすいからです。

いい気分の状態、いわゆるヴォルテックスの中にいて、オーダーを出したら、ちゃんと宇宙に願いは届きますよ。今の私はそれを心から信頼しています。でも、そこを信じられなくて、「ちゃんと届いたかな」「こんなオーダーで大丈夫かな？」「ちゃんとヴォルテックスの中にいたっけ？」などなど、不安や心配を感じてしまう人が多いのです。過去の私もそうでした。

そういう方は、「これこれ、しかじか」と、宇宙に手紙を書くスタイルのほうが、自分自身も納得するのではないかと思います。

あらいざらい思うことを書いてみると、「私はこうしたい」「これが望みなのよ」という願望のボルテージが上がってきて、その純度の高い波動が嫌でも宇宙に届いていきます。

文章がヘンテコでも、気にしなくてＯＫです。むしろきれいに書こうとしないほ

うがいいです。ヘンテコな文章が気になるなら、

「うまく書けなくてすみません。でも、こうしたいんですっ！」って、かっこつけずにそこも書けばいいのです。言葉や文章のうまさより、何よりも心地よい波動がオーダーとして宇宙に届くのですから。

それに「こんな暮らしがしたいな〜」とイメージして書いていると勝手に楽しくなってきて、どんどん妄想も広がっていきます。

書き出すものは、専用ノートをつくってもいいですし、手帳でも、チラシの裏でもいいです。書くものも鉛筆でも万年筆でも何でもＯＫ。

いちばんは波動が高い状態で言葉を書くことが大事だと覚えておいてくださいね。

☆文章の語尾&時制問題は一切ムシでヨシ！

また、オーダーの仕方では、文章の語尾&時制問題というのがありますね。

すでに叶ったように、現在完了形や過去形で書きましょう、といったルールです。たとえば、「結婚したい」として「ステキな彼と結婚できました！　うれしい。ありがとうございます」というふうに、もう叶った状態の文章にするというものです。

これもですね、いちばん大事なのはあなたの波動、周波数のほうで、文章の形式は関係ないと私自身は考えています。

「結婚しました！」とオーダーをする時、ちゃんといい気分になれて、妄想でニヤニヤがとまらないとか、彼の愛に包まれて安心しきっている自分の感覚をしみじみ味わってハッピーだなと心の底から思えたなら大成功！
でも、現実で彼氏がずっといなくて、だいぶ恋愛にごぶさたなのに、リアルに「結婚しました」なんて思えない。よけいに虚《むな》しさを感じるという人もいると思います。

オーダーした時に、しらじらしさを感じてしまう文章は、「できるわけない」「どうせ無理」という本音が刺激されてしまって、下手するとそっちがオーダーになってしまいます。つまり、「できるわけない」が現実化してしまうということです。文章の形を守ることがかえって現実化を阻む足かせになってしまったら本末転倒です。
同じ理由で、「結婚しつつある」みたいな、現在進行形の書き方も、私はまったくピンときませんでした。

人によって言葉の捉え方、感じ方も違います。自分にとって、現実化したらこんなふうに感じるよ、という気持ちを味わえる文章にすることが大切なんですね。

こう言うと自分の気持ちにあった「文章にする」というところにハードルを感じる方もけっこういらっしゃるようです。「なんて言ったらいいかわからない」「うまくまとめられない」となってしまうのですね。

でもね、宇宙はうまくてわかりやすい文章のオーダーしか受け付けない、なんてことはないので安心してください。

私のノート、読み返すとかなり意味不明です（笑）。でも、ちゃんと現実創造できています。

だから自由に、その時の気分を重視して、好きなようにオーダーは書いてみてください。

また、妄想が苦手な人にも、宇宙にお手紙を出すオーダー法はおすすめです。

実は、人の脳の仕組みとして、文章を書いていると、脳裏でそれが勝手にイメージされていきます。いろいろ書くことで、叶った時の自分を嫌でも脳裏で想像しているということです。

そうなれば、叶った時の幸せな気分を自然に味わいます。エイブラハムの言うところの68秒以上、叶った状態に意識をフォーカスしその感情を味わうということもすんなりできてしまいますよね。

文章がどれだけ下手でも、妄想が苦手でも、書いている時に脳裏に浮かぶイメージやその時の感情でちゃんと宇宙にオーダーは入ります。文法などの形などにとらわれすぎないでくださいね。

☆ 宇宙へのオーダーに締め切りは必要か？

先ほどの手紙の中で、私は「1年後の今日」と、具体的な期限を入れています。その願いを1年以内に叶えたいということです。

オーダーに締め切りを入れるかどうか。結論から言うと、どちらでも大丈夫です。期限を入れるかどうかは、半年後、1年後と期限を決めたことで、それがプレッシャーになったり、執着してしまうようだったら、入れないほうがいいです。

私の場合は、期限を入れる、入れないは願い事の内容によるところもありますが、どちらにしても最適なタイミングで宇宙が叶えてくれる、というところを基本的に信頼しています。

曖昧《あいまい》で申し訳ないのですが、「高層マンションに住む」ことが1年後くらいがいいかな、くらいのことで、それが2年後になっても、逆に明日からになってもいいくらいの気持ち。ただ5年後は遅いな（笑）くらいゆるい設定なんです。私の経験では、ざっくり期限でも宇宙はちゃんと叶えてくれます。

期限を入れると、それがモチベーションになって、どんどん引き寄せ力が高まるタイプの人も中にはいます。緊張をやる気に転化できる人です。

そのような方々は、期限を入れてオーダーを出してください。

また、試験や発表会など期日が決まっていて、そこですべての能力を発揮していい結果を残したいような時ってありますよね。

そういう時は、〝その一日がすべてうまくいって大満足している自分〟の感情を先に味わいながらオーダーを出してみてください。

要は、〝その日の自分〟や〝その日以降の自分〟が味わっているであろう喜びの感情を、〝今の自分〟で味わいながら、その波動を先出ししてほしいんです。そうすると、〝その現実〟が創られるように動きだします。

☆ほろ酔いオーダーで引き寄せスピードアップ

お酒が飲める方向けですが、酔っ払って気持ちがいい、ほろ酔い状態になりながら、オーダーを入れるという、裏ワザ（?）をご紹介しちゃいます。シラフで妄想は照れるという恥ずかしがり屋さんにもおすすめです。

ほろ酔いオーダーで
引き寄せのスピードアップ

やり方といっても簡単で、ひとりで家飲みをして、ほろ酔いになってきたら、「〇〇する！」と宣言してしまうんです。

そして、そのままその夢が叶った状況をイメージします。

酔っているせいもあって、思考停止状態になるので、〝夢が叶っている状況〟を遮る陰気な思考・感情が湧き上がってきづらいんです（笑）。

たとえば、あなたがビジネスで大成功しているとして、そのクライアントさんだったりと、お酒を飲みながら、食事をしているシーンを妄想してみると、思いっきりその気分を味わえますよ。

私はこんなふうに、けっこうお酒の力を借りて、願望を叶えています（笑）。

スピリチュアル的に、お酒に関してもさまざまな意見・見解がありますが、私自身は、お酒の力を借りてオーダーを出すと望みが叶いやすい印象があります。ピンときた方は、体調・気分を観察しながら「実験の意識」でトライしてみてください♪

☆ やりたいことがわからない時は、どうオーダーすればいい？

やりたいことがわからない、でも今の自分を変えたい、というご相談をいただくことも多いです。

私自身がニートだった時、何も才能はないし、何ができるのかもわかりませんでしたので、その気持ちはよくわかります。

今言えるのは、「やりたいことがわからない」時は、大層に考えないで、今日、**たった今したいことをすればいい**、ということです。

コーヒーを飲みたいならすぐ飲めばいいし、寝たいなら寝ればいいし、ダラダラしたいならダラダラすればいい。**自分基準で心地よいことをすればいい**のですね。

「わからない、わからない」とずっと考えていると、「わからない」という状態を引き寄せてしまっているかもと、一度考えてみてください。

ニート時代、私自身何をしたらいいかわからなかった時は、個人起業を決意するまで、10か所以上バイトしました。でも一日しかもたないところもあって、自分は完全に社会不適合者になったと烙印《らくいん》を押していました。もうサトウキビ畑に働きに行くか、自分で起業するかしかない。そう切羽詰まった段階になって、サトウキビ畑の求人がなかったので自分で起業することにしたのですが、どちらも〝やってみたいな〜〟とウッスラとその瞬間に感じていたものだったので、とりあえず動き出しました。ですから、とりあえず動いてみることで、状況が変わったり、進むべき方向が見えてくることもあると思います。

また、「何がやりたいかわからない」という人の傾向として、先々のことまで考えすぎて、失敗したくない、となっている人が多いように思います。「絶対失敗しないとわかっているならやる」、という感じです。失敗するのが怖い。だから行動できないのですね。

失敗するのが怖いという気持ち、わかりますよ。でも、それこそ自分がどのように宇宙にオーダーしているかが問われているところです。

「何をしても、どんなことがあっても、結果的に自分は幸せになるんだ」とちゃんと決めていますか？　そこを確認してみてほしいのです。

そのようにオーダーを出し、宇宙を信頼してさえいれば、仮に〝失敗した〟と感じる現象が起きても、幸せに生きていけます。

失敗ってとてもネガティブなことのように捉えてしまいがちですが、プロセスのひとつに過ぎなくて、その方法はダメだっただけ、というふうにも考えられます。

「下手な鉄砲数打ちゃ当たる」という諺《ことわざ》がありますが、あまり考えないでいろいろ動いているうちに、自分に合ったやり方が出てくることもあると思います。

また、私の経験だと、失敗したり、たとえば楽しみにしていたのにキャンセルになったりすることは、自分に必要なかったもの、その道を歩み続けないほうがよかったことだったりすることがとても多いのです。

その時その瞬間は、ガッカリするんですが、後々振り返ってみると、やらなくてよかった、と思えることがほとんどで、「宇宙さんありがとう」と感謝しきりになります。

第3章

オーダーから願いが叶うまでの「過ごし方」が超重要

タイムラグを制するものは、引き寄せを制す！

さて、宇宙にオーダーを出してから受け取る（現実化する）までには、タイムラグというものがあります。だいたい、3日から3か月くらいが多いといわれていますが、オーダーの内容によると思います。

私は、このタイムラグをどう過ごすかに、現実創造、引き寄せの成功はかかっていると思っているんです。

なぜなら、その間、まぁ〜いろいろな出来事が起きるのです。

しかも、自分が出したオーダーとは真逆の現実が創られて凹《へこ》んだり、「起きないでほしい」と感じていた出来事が多発したり、タイムラグの間って右往左往させられます。

そうなると多くの方は、ネガティブな感情がどんどん大きくなって、「やっぱりダメなんだ」「私はできない」など、幸せになることを諦めてしまう……。とてももったいないです。

私もネガティブ感情にずいぶん振り回されてきましたから、その気持ちが痛いほどわかります。この章では、多くの方が陥りがちなネガティブな状況への対処法をお伝えしていきます。

しかし、どうしてタイムラグの間はネガティブになりやすいんでしょうか。

私が思うに、だいたいの人はオーダーを出した後、すぐに引き寄せたいと「欲」が出てしまうのです。早く来い、早く来いって、願いに執着してしまうのですね。

執着すると、波動は一気に下がります……。

そのために、「なかなか引き寄せられない」「現実が創られない」「やっぱり無理なのかも」「私なんて……」と、疑念が生まれ、自己否定をし、諦めてしまうんです。

あなたが「もういいや」となると、当然、宇宙はその感情をオーダーの「キャンセル」と捉えますから、未来永劫《みらいえいごう》、あなたの「願い」は現実化されることはありません。

オーダーを出したらタイムラグはありますが、必ずあなたの「願い」は叶います。すぐに願いが叶わなくても、たとえ、ネガティブな出来事が起きても、「いい気分」に切り替えていけば大丈夫なことがほとんどです。

願いをすぐにキャンセルしない。諦めない自分であってくださいね。

純ちゃん流　ネガティブを味方につける方法

タイムラグを乗り切るために、ネガティブ対策を4つにまとめてみました！

◆ネガ対策①　ネガティブを受け入れる

ネガティブな感情を消そうとしたり、避けようとせず、「そう思うよね」と感情に寄り添って共感してあげましょう。私は〝感情の受容〟と呼んだりしています。これをすると、暴れていたネガティブがすーっと落ち着きます。めちゃ大事です！

◆ネガ対策② 受け取りを許可する技を体得する

宇宙に大きなオーダーを出したにもかかわらず、それを受け取る心の準備ができていない人がとても多かったりします。なかには、自分が幸せになることを許可していなかったりする人もいます。ハイ、昔の私です……。宇宙からのギフトを受け取ることができる自分にしておきましょう。

◆ネガ対策③ ネガティブな出来事に対する見方を変える

ネガティブに物事を捉えがちな人は、総じて、物事をジャッジしてしまい、その現象を「悪」と捉えてしまう傾向があるようです。物事には必ず、いい面、悪い面はありますが、宇宙理論としては「よい」も「悪い」も起きていません。

しかし、自分のこととなると、謎に悪いことが起きたと捉えてしまう人が多いのです。でもそれは、単なる心の癖ですから、よい面を見つけるように修正していきましょう。

◆ネガ対策④　ネガティブ感情を浄化する

ネガティブな感情に苛《さいな》まれやすい人は、ネガティブ感情を起こしやすくする癖をもっています。代表的なものが、「周囲の目を気にする癖」「先延ばしにする癖」「自己否定する癖」の3つです。この癖が自分にないかどうかに気をつけること、そして、こうした重たい感情を浄化する呼吸法や、簡単にできる浄化術をお伝えします。

ネガ対策①
ネガティブを受け入れる

現実創造や引き寄せの法則を実践していると、ネガティブな感情というのは、かなりの嫌われ者ですよね。エイブラハムの言う「いい気分」やバシャールの言う「ワクワク」といった陽気な感情を、いとも簡単にぶち壊してしまうからです。

だから、何が何でもポジティブであろう、明るくあろう、と無理をしている人も見かけます……。その気持ちはわかるのですが、宇宙はあなたの本音をオーダーとして受け取りますから、顕在意識でいくら陽気に振る舞っても、心に抱えている恐れや心配、不安、苦しいといったネガティブ感情は宇宙にはすべて筒抜けなんです。

まず、ネガティブな感情を嫌わないであげてください。

私はいつだって陽気だ！　というほうがおかしいんです。

人間の感情は、「喜怒哀楽」4つで1セットです。どれかひとつが欠けても、成り立ちません。ネガティブな感情があるからこそ、喜びやうれしいことが、輝いて見えるし、人に優しくすることもできます。ネガティブな感情もあなたの大事な感情のひとつなんです。


ネガティブが出てきても恐れることはなくて、実は、ネガティブな感情を引きずってしまったり、増幅させてしまうのは、あなたがネガティブな感情をちゃんと受け入れてあげていないからなんです。


たとえば、あなたが憧《あこが》れの会社に転職したい、と宇宙にオーダーしたとしますね。

でもタイムラグの間、「自信ない」「きっと無理」など、不安な気持ちがムクムクと出てきたとします。

そうしたら、「そう思うよね」、と一度受けとめてあげることをしてみてください。「自信ない」「きっと無理」という感情をほうっておくと、どんどんそれに引きずられてしまいます。心の中にいるもうひとりの自分に声をかけるような感じで、その感情を受容してあげてみてください。

（ネガティブ）「やっぱり自信ない。無理に違いない……」

（自分）「無理だって思うよね。不安だよね」

という感じで、胸の内を聞いて受けとめてあげてください。

感情というのは、それをちゃんと認めて「わかったよ」と受けとめてあげると、スーッと昇華していくという特徴があるのです。

ネガティブな感情は嫌われているし、いつも避けられているし、ちょっとスネている駄々っ子みたいな感じなんですね。だから、あやすようなつもりで、「わかっているよ」とちゃんと認めてあげると、落ち着いてきます。

私自身、このネガティブ感情を受容するようになってから、ずいぶんと毎日が楽に生きられるようになりましたし、現実化のスピードも速くなったと感じています。

タイムラグの間、オーダーに対して起きてくるネガティブな感情だけでなく、自分へのダメ出し、自己否定の言葉についても、「そう思うんだね」と寄り添ってあげると、不思議と落ち着いて、「じゃあ、本当はどうなりたいの？」など、冷静に自分の心を内観することにも役立ちます。

ネガティブな思いが次から次に出てくることもあるかもしれませんが、その都度

「わかったよ」「苦しかったよね」「さみしいんだね」と何度でも認めてあげてください。

ネガティブな感情を見て見ぬふりをしていると、やがて怒りとして大爆発を起こしたりすることもあります。ですから、できるだけ小まめに、ムカッときたり、イラッときたら「ムカつくよね」「頭くるよね」と受け入れてあげるほうがベターです。精神衛生にとてもいいんです、コレ。「いい気分」をキープするためにもとても助かります。

ネガティブは決して否定しないこと。「ああ、またきたね〜」くらいの気持ちで受け入れる、ということをしてあげてくださいね。

☆病気や不調の時も、まずは感情を受容すること

現実創造の最中に、病気にかかったり、不調が続くと、自分が引き寄せたのかと自分責めをしたり、症状を憎んだりしてしまいがちです。

病気や不調がある時に落ち込んでしまうのは本来自然なことです。無理に陽気をよそおって、自分の気持ちを乖離《かいり》させないでほしいと思います。

そういう時こそ、いちばん大切なのは、**自分に肯定的な言葉がけをする**ことです。

私の経験からいうと、私は心臓病で病院に運ばれて余命宣告を受けました。その時は、まだ宇宙理論や現実創造のことだとかを完全に理解していない段階で薄っぺらい知識でした。

とにかく心臓はハンパなく痛かったし、呼吸もしづらくて苦しいし、ベッドから動けないから腰とかも痛くなって、「なんで私がこんな目に」と怒りを感じたり、とにかく辛くてしかたなかった。

少し薬で落ち着くと、「退院したら何しよう」と少し希望を夢見て明るくできるのだけど、またすぐ「もう私はダメなんだ」となってしまう。陰気がほとんど、時々陽気という感情を繰り返していたんですね。

その時の私の様子は周りから見た時、陰気な時と、陽気になった時とのギャップというか、態度や発言の差が激しくなっていたみたいなんです。

そんなある日、担当の看護師さんに、こう言われました。

「吉岡さん、早く退院して明るく生活したいよね。そう思う気持ちはわかるけど、今の状態では、不安や恐怖があるほうが普通のことだと思うよ」、と。

その言葉にハッとしたと同時に救われました。

人間なんだから、病気や不調が続けば、不安になって当たり前。その当たり前を私は受けとめてなかったのですね。それで努めて明るくしようと無理をしていたのです……。その時にボロボロと泣きました。

無理に自分を陽気にもっていくことはない。それよりも、自分のありのままの今の感情を受けとめることが大切だと気づけたんです。

「病気になってしまうくらい、頑張ったんだね」

そんなふうに自分を褒めてあげることがあってもいいと思ったのです。

その瞬間に「よく頑張ったよ、本当にエライね」と声がけをしたら、体中の筋肉がほぐれて、とても楽になった感覚をいまだに覚えています。

もしかしたら、そういうところから自然治癒力とか免疫力って上がるのかな、とも感じました。

自分の頑張りって、人知れずやっていることもあって、自分でしか気づいてあげられなかったり、褒めてあげられなかったりすることも多いものです。

「病気になったことを褒める」って言葉だけ切り取るとおかしな感じかもしれませんが、実際、病気は大きな気づきを与えてくれることも多かったりします。

本当は、病気になる前に自分を大切にすることをしたほうがいいわけですが、私は「自分を大切にする」ということがいかに大切か、病気になったことで実感しました。

だから、今健康な人は、その健康を過信しすぎないで、自分を労《いた》わることを忘れないで、現実創造をしていってほしいのです。

それに、病気は悪いものとされやすいですが、一概にそうとも言い切れません。その経験は大きな成長を心にもたらしてくれることも多いですし、スピリチュアルな世界では、重たい病気になる人ほど霊格が高いともいわれています。

今どこか病気や不調があって苦しい思いをしている人は、無理に陽気にもっていかなくてもいいのです。ありのままの感情を受容してみてください。頑張った自分を認めてあげたら気持ちがじょじょに楽になっていくと思います。

それに、体の状態を無視して、引き寄せをやってもあまりうまくいきません。成功法則や宇宙理論は、意識がとても大切なのは真理ですが、そっちが大きくなりすぎて、体の反応や、肉体を無視して酷使してしまう人が多いと思います。

でも、現実創造はこのリアルな現世で創られる以上、この肉体あってこその話なのです。

「体が資本」という言葉がありますが、それが本質なのです。当たり前すぎて軽視されているのかもしれませんが、自分の体からのサインをキャッチしてあげながら、日々の現実創造を続けてほしいと思います。

☆「期待しない」という心の在り方をやってみる

タイムラグの間に気をつけてもらいたいもうひとつは、ずばり「期待しない」、というスタンスをとってみることです。

受容とはまた違いますが、これも、ネガティブ対策として、かなり有効な「在り方」だと私個人は感じています。

たとえ、自分のことを心から信頼できないとしても、宇宙のことさえ信頼していれば、「早く来ないかな〜」なんて期待する必要なんて本当はないんですよ。プロセスを創ってくれるのは宇宙のお仕事なんですから。

受験勉強とかしている時、ちゃんとやっているのに、お母さんが「ちゃんとやってる？」とかちょこちょこ部屋をのぞきにくるの、イラッとしませんでしたか？（笑）

それを宇宙にする必要はないってことなんです。

そのように、期待通りの動きをしてくれているか確認したくなる気持ちは、ものすご〜〜くよくわかるのですが（笑）、なる早で望む現実を受け取りたいのであれば、余計な期待や心配をするより、一日のうち、1分でも2分でもヴォルテックスに入るようにしたほうが、自分のためです。

目の前のできることをしていきましょう。期待をしなくても、あなたは今を幸せに生きられるし、これからはもっと幸せに生きられる人です。タイムラグの間に不安や期待がムクムクしたら、もっと宇宙を信頼してみてほしいなと思います。

ネガ対策②受け取りを許可する技を体得する

オーダーをする時、

「私が幸せな家庭を創るなんて、やっぱり無理かも」

「売れっ子モデルになんてなれるわけない」

「ステキなパートナーができても、きっと浮気とかされて新しい悩みができそう」

そんな感情が顔を出してきませんか？

こういった感情が出てきたら、確認してほしいのは、自分はちゃんと幸せになることを許可しているか？　というところです。

すでにお話ししたように、願望成就には3ステップがあります。①宇宙にオーダーを出すと、②宇宙側はそれを手配してくれて、③現実として受け取る、という流れです。

自分がオーダーを出したのだから、ちゃんと受け取ってこそ、お仕事完了となります。

でも実際は、自分で頼んでおきながら、受け取らない人がとっても多いようです。現実世界で、オーダーしたピザを受け取らないというようなことはしないでしょう？それをしたら、けっこうタチが悪いですよね（笑）。宇宙に対しても同じです。

でも、受け取るのが怖いとか、受け取るに値しない人間だというような感情が邪魔をしてくるのですよね。その思考・感情こそが現実創造をストップさせていることに気づいて、思考・感情の修正をしてみてほしいのです。

『エイブラハムの教え』の中に、「幸福が絶え間なく無限にあなたの経験へと流れるように許可する」という文章があります。

これはどういうことかというと、**宇宙からの無上の幸福というものはいつでも受け取れる状態ですよ**、ということです。

誰ひとり欠けることなく宇宙から無上の幸福というものが受け取れるし、今この瞬間も絶え間なくそのエネルギーは流れてきていて、私たちが望めば経験することができる。それを受け取れるようになっているんです。

「受け取る能力を思い出してください」という書き方がされていたりしますが、思い出すというのに違和感を覚える方は、「無上の幸せを受け取る能力があるので再度身に付けてください」くらいに解釈してみるといいと思います。

エイブラハムは、この能力のことを「許可する技」と言っています。

つまり、許可していないと受け取れない。許可している分しか、受け取ることはできないよ、ということです。

ちょっと極端な例ですが、考えてみてください。

もしあなたが「1000万円がポンと手に入る」と宇宙にオーダーした数日後、現実に仕事で1時間1000万円払いますという案件がきたとします。すんなり受け取れますか？

手放しで受け取れる人って少ないのではないかなと思います。

では、1時間にどれくらいのお金だったら素直に受け取れますか？

それがあなたが今受け取っていいと自分に許可している金額だったりするのですね。

☆自分が幸せになることを許可しよう

この許可する技というのを、ちゃんとやってみましょう。

お金をたくさん受け取りたい、人の愛もたくさん受け取りたい、ビジネスで成功したい……どんなことでもいいのですが、自分の中でこれが幸せだなぁと感じるものを、無条件にたくさん受け取る許可を出すことです。

では実際、どうやるかというと、これも「許可すると決める」ことが大事です。

自分自身を振り返ってみると、私がニートから抜け出そうと思ったのは、貯金が底をつきそうになったことでした。

とりあえず、目先のお金が欲しかった私は、「私はお金を受け取っていい」という言葉をアファメーションのようにして、許可を出そうとしていました。

でもなかなか、その現象はやってきませんでした。

「私はお金を受け取っていい」と言いながら、背後で「どうやって?」「ニートなんだから無理でしょ」と、願望を否定し続けて邪魔していたのです。

言葉ではなく心の本音の波動のほうを、宇宙はオーダーとして受け取るということは、もうわかりますよね。

だから「どうしよう、お金ない」「どうせダメ」「ニートだし」という現実が創り続けられていくのです。

宇宙は無条件に豊かさを与え続けてくれているのに、そこをすっかり忘れていました。

「働かないとお金は入らない」とか、「お金を稼ぐのは大変なこと」など、お金を得るには何かしらの条件が必要だとも思っていました。この、「働かざる者食うべからず」的発想は、私たち日本人にはとくに根強いように思います。

そこに気づいて、もう一度しっかり決めて、オーダーをし直しました。

「私は今のまま、いくらでもお金を受け取っていいと許可します！」

そう宇宙に伝えたのです。

再オーダーをした後にも、「でも、私やっぱりニートだし……」という不安な気持ちが幾度か湧き上がってくることもありました。

けれど、「何か新しい展開があるんじゃないかな」「宇宙が私に最適なステージを用意してくれるに違いない」というところのほうに、意識をフォーカスするようにしま

宇宙を信頼してみる

した。

子どもの時にクリスマスにサンタさんを待つような気分で、「何がやってくるのかなあ?」と宇宙を信頼することで、波動を整えてみたんです。


そうしたら、実際、おばあちゃんが謎に数万円のお小遣いをくれたり、洋服がたくさんあったので処分しようと思って古着屋さんに買取りのお願いに行ったら、思った以上の金額が受け取れたりということが続いたのです!

「うわ〜、なんてありがたい♡」とその時本当に宇宙に感謝して、やっぱり許可しておくって大事だし、ニートでも関係なく宇宙はちゃんと望む現実を創ってくれるんだと確信したのです。

☆しつこい自分責めにも、許可を出して対応する

思いがけず得たお金はとてもありがたいものでしたが、その時点では少額で、生活を維持できるほどではないし、もっと違う展開をつくっていきたいなと思い、本格的にニートから脱出しようと決意しました。

でも、会社員やアルバイトといった、何らかの組織にはもう戻りたくなかったんです。

会社員時代やバイト時代の、ノルマに追われる環境や、理不尽な理由で文句を言われるような状況、相手の都合に合わせてスケジュールを組んだり、という組織での仕事の仕方は、自分には向いていないという気持ちがありました。

キャッシュポイントという言葉があります。「収益を生み出す機会」という意味なのですが、会社や組織に属さないで自分にキャッシュポイントがある存在として生きたいな、と漠然と思ったんです。

そうなると、フリーランスという道で生きられないかな、フリーでやっていけたらいいなと思うようになったのです。そこで、宇宙にオーダーを出しました。

「ニートから卒業して、キャッシュポイントが自分にある生き方を許可します」

という感じです。

しかししかし、その後にもやっぱり出てくるわけですよ、ネガティブさんが……。

これは手強《てごわ》い相手でした。

「考えが甘い、社会は厳しいよ」「これまで組織にいたから仕事があったんだよ。自分の力じゃないよ」「何ができるの?」

と、私の能力のなさを容赦なく責めてくるのです。

キャッシュポイントをもつ自分になることを許可したはずなのに、不思議なほどネガティブな発想しか出なくなるということが起きたのです。

☆ 内観して、自分を見つめ直す

フリーになるためになんでそんなにネガティブになってしまうのか。私は自分にとことん向き合ってみることにしました。

湧き上がってくるネガティブな感情の中でいちばん引っ張られたのは、やはり「私は何もできない」「特別な才能なんかない」ということでした。

会社員だとある程度収入は決まってしまうし、違う経験もしたい。だからフリーランスになるしかないけど、「私って何の才能もないんだよなぁ」「何も私はもってない」。「一体私は何ができるんだろう」。そう思って、ノートに書き出してみたのです。

私は一体何が得意なのか自分が好きなことは何だろう。真剣に内観するということをしました。

が、しかし！　好きなことや得意なことといえば、「寝る」「食べる」「旅行に行く」「温泉に行く」「焼き魚をきれいに食べる」「研究や実験」「人からありがとうと言われる」……という感じで、フリーランスで食べていくのはどう考えても難しいラインナップだったのです（焼き魚て……笑）。

反対に、苦手、嫌いだと思っているものも、挙げてみました。

「人前で話す」「ＳＮＳで発信」「パソコン全般」「人を信用できない」「絵を描く」……。

うすうす気づいていましたが、これからの時代、デジタル全般が苦手というのは、フリーランスでやっていくうえで致命的だと思い、我ながらショックでした。

無上の幸福を受け取ると許可したのに、私には無理なことばっかり！　落ち込む一方でした。

自分の得意・不得意を考える

☆「幸せになる」。そう決めていれば、絶対道は開ける！

でも私は、現在、苦手なはずのＳＮＳを使って、日々発信しています。

デジタル全般が苦手でしたが、起業ができました。スマホだけで起業できたんです。

個人起業の本を読んだり、個人起業家の先輩方にうかがうと、パソコンは絶対に必要だと言われ、買ったのはいいけれど、使い方がぜんぜんわからずスマホの充電器として使っていましたが（笑）、起業できましたし、売り上げも上げていくことができました。

パソコンについては、その収益で、ｗｅｂのほうを強化しようと必要にかられて後から学んだんです。

「パソコンが使えないために起業できない」と嘆いている人が時々いますが、そんなことないんですよ！

なぜ「私は何もできない」「パソコンすらできない」「才能がない」とネガティブに引っ張られた状態から、起業までもっていけたのか。

それは、「幸せになりたい」という思いだけは強く、〝何ができるかはわからない。でも、毎日イキイキとして好きなことを仕事にして幸せに生きたい〟という気持ちが揺らがなかったからです。

あの頃は、私の中で、「陽」と「陰」がシーソーゲームのように攻防を繰り返していました。

(純ちゃんの陰)「才能ないからダメ」
(純ちゃんの陽)「いや、幸せになる」
(純ちゃんの陰)「何もできないくせに」
(純ちゃんの陽)「でも幸せになりたい!!」

時には、「陰」の強い引っ張りから、宇宙にオーダーしたり、ヴォルテックスに入るとか、願望実現や自己啓発のワークとかしなくちゃいけない自分を、情けないと思ったこともあります。

そんなことしなくても、恋人がいて楽しそうに仕事して幸せそうにしている人がたくさんいるのに、私はこんなことしてまでって……。

でも、「やっぱり幸せになりたい！」。そう心が言うんです。

☆ 思い込みをもったままでも、願いは叶う

物理的に何の進歩もなく、ただただ自分の内側で起こる陰陽のぶつかり合いが続いていたある日、

「何もできないって不安だよね。でも、幸せになりたいんだよね！」と、陰と陽が入り混じった自分を抱きしめるように思いっきり認めました。

幸せになりたい一心で前向きな意識にフォーカスしたいのに泣きじゃくっている自分を丸ごと受けとめてあげたら、陰と陽でぐらぐらしていた自分の気持ちがすーっと昇華されたのです（無意識でしたが、感情の受容をやっていたのです）。

その瞬間にはじめて、心から「会社員に戻る必要もなく、自分にキャッシュポイントをもって生きていける」と深い部分から許可することができ、「きっと宇宙が新たな展開を見せてくれる」と信じることができました。

それからしばらくすると、個人起業に必要な情報や導いてくれる人たちと、次々に出会ったのです！　私はその流れにのって行動し、さまざまな方との出会い、サポートによってカウンセラーとして起業できたのです。

こんなふうに、許可した後にも、ネガティブな感情が出てきてしまうこともあると思います。でも恐れないでください。

よく「思い込み」があると願いが叶わないといわれますが、そんなこともないのです。私は、「特別な才能がないとフリーでは成功できない」「フリーランスは、特殊な才能がある人がなるもの」という思い込みがありましたが、結局のところ起業することができましたし、ちゃんと幸せになれました。

思い込みを修正しようとするより、まずありのままの感情を受容してあげること。そして、本当に望むものを諦めないことのほうがずっと現実を創造するパワーがあるんです！

☆「私たちの願いは宇宙の願いだ」ということを腑に落とす

それにしても、「自分の願い」というものは、なんですぐに諦めたくなるんでしょうね。

郵 便 は が き

料金受取人払郵便

牛込局承認

8036

差出有効期限
令和5年5月
31日まで

1 6 2-8 7 9 0

東京都新宿区揚場町2-18
白宝ビル5F

フォレスト出版株式会社
愛読者カード係

フリガナ お名前	年齢　　　歳 性別（ 男・女 ）
ご住所 〒 ☎ （　　） FAX （　　）	
ご職業	役職
ご勤務先または学校名	
Eメールアドレス メールによる新刊案内をお送り致します。ご希望されない場合は空欄のままで結構です。	

フォレスト出版の情報はhttp://www.forestpub.co.jpまで!

フォレスト出版　愛読者カード

ご購読ありがとうございます。今後の出版物の資料とさせていただきますので、下記の設問にお答えください。ご協力をお願い申し上げます。

● ご購入図書名　「　　　　　　　　　　　　　　」

● お買い上げ書店名「　　　　　　　　　　　　」書店

● お買い求めの動機は?

1. 著者が好きだから　　2. タイトルが気に入って
3. 装丁がよかったから　　4. 人にすすめられて
5. 新聞・雑誌の広告で（掲載誌誌名　　　　　　）
6. その他（　　　　　　　　　　　　　）

● ご購読されている新聞・雑誌・Webサイトは?

（　　　　　　　　　　　　　　　　　　　）

● よく利用するSNSは?（複数回答可）

□Facebook　□Twitter　□LINE　□その他（　　　　）

● お読みになりたい著者、テーマ等を具体的にお聞かせください。

（　　　　　　　　　　　　　　　　　　　）

● 本書についてのご意見・ご感想をお聞かせください。

● ご意見・ご感想をWebサイト・広告等に掲載させていただいてもよろしいでしょうか?

□YES　□NO　□匿名であればYES

過去の私は「こうなったらうれしいな♪」と威勢よく言うわりに、その陽気な感情とともに湧き上がる陰気な感情にフォーカスしやすく、無意識のうちに「やっぱり無理なんじゃないか」と決めてしまってさまざまなことを諦めていました。

そうなっていたのは「私なんかが……」と自分という存在に対する否定や自己肯定感の低さがあったからというのもあります。

そう自分を嫌って過ごしていた毎日は、どこかモヤモヤしていて、謎にイライラしやすく、ぜんぜん楽しくなかったし生きるのがしんどかったです。

でも、今思うと、どこかモヤモヤしていたのは宇宙や神様たちと乖離していたからで、「願い」を諦めては落胆していたのは「私」だけではなかったんだ、ということが後々わかるようになりました。

宇宙とのつながりを信頼して私たち人間が願いを叶えていくという共同創造は、実は宇宙・神様たちの願いでもあるんです。

私はそれを知った時、驚きと同時に、うれしいと感じました。

宇宙からしてみると、地球に降りた魂たち、人間は宇宙エネルギーを使って、あらゆることを創造できるとても価値ある存在。宇宙にとって、地球人の私たちはいわば、創造者なのです。

人間が幸せになればなるほど、地球全体が放つ波動が高まり、宇宙の波動を高める貢献になります。それは、宇宙自身の利益になるんです。

だから、どんどん幸せを感じて生きてほしい。生きたい現実を創り出してほしいと思っているのです。

たとえば、あなたは画家で新作の絵を世に発表したとします。それを観た人がとても幸せな気持ちになり、明日も仕事を頑張ろうと活力に変えたとします。その人がイキイキ仕事をすることで、職場の雰囲気もよくなり、周りの人にも笑顔が増えて、会議でもいい意見が飛び交って……というふうに、あなたひとりが幸せを感じて生きることは、幸福の連鎖が始まって、無意識のうちに多くの人の幸せにつながっていくんです。

たった1杯コーヒーを買うことだって、宇宙貢献といえます。それがコーヒーショップの維持費や、スタッフさんのお給料の一部となり、街の繁栄や生活を支え、その恩恵にまた自分もあずかります。

どの角度から見ても、ひとりの人が幸せに生きる、その願いを叶えるということは、尊い宇宙貢献になるんです。

自分たちひとりひとりの願いは、宇宙の存在までも巻き込んだ願いであるということです。

自分の願いで「こんなすごいこと思って大丈夫かな」と感じてしまう気持ちはわかります。私もそう思うことは今でもあります。

ただ、あなたがオーダーを出して、宇宙が動き出すというのは宇宙にとっても成長になるのです。お互いにとってとてもすばらしいことなんですよね。だから、遠慮はいらないのです。じゃんじゃん欲しいものを受け取って、したいことをしていいのです。

宇宙の集合意識は、人生のことをこんなふうに言っています。
エイブラハムは、「人生の基本は自由。人生の目的は喜びだ」。
バシャールは、「人生の目的は、自分が自分であることを最大限に表現すること」。

人生は楽しむものだよ、ってことです。それが人間に与えられた権利です。
宇宙ははじめから、あなたが幸せになることを許可しているんです。
どんな自分になりたいか、制限なく考えてみましょう。
自分が創造主なのだから、どんなことを想い描いてもよいのです。

人生は楽しむもの!

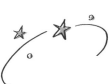

ネガ対策③ ネガティブな出来事に対する見方を変える

☆波動の答え合わせをしてみる

モヤッとする出来事が起こったら、思い出してほしいのですが、どんな時もその現実を創っているのは自分の波動だということです。

「どんな時にもヴォルテックスに在ることを意識してね」としつこく言っていますが、どうしても落ち込むこともあるし、陰の気分から抜け出せなかったり、どうしたらいいかわからない、となっている方もいるでしょう。私も以前はそうでした。

今日はどんな嫌な出来事が起こるのか、朝からビクビクしているような人間でした。取り越し苦労もとても多くて情緒不安定気味。地を這うような陰の波動を発していた人間です。

でも、ネガティブに引っ張られないで、ヴォルテックスに入りなさい、とエイブラハムは言いますしね……。どうしたらいいものか、と考えました。

その結果、あるひとつの方法をきっかけに、むやみにネガティブに引っ張られることがなくなったのです。

それは「波動の答え合わせ」をすることです！


今私がウジウジしているとしますよね。宇宙理論に当てはめたら、それは過去の私が発した波動が、「今」現実化しているわけです。

じゃあコレはいつ放ったネガティブな波動（感情）なのかな？　と、波動が現象として表れるまでを検証してみることにしたのです。

ある時期の私は、1週間くらい前の波動（感情）が現実化することが多くあり、「彼とケンカして泣きじゃくっていた時」の波動（感情）だ、とわかりやすいものもあれば、2週間くらいずっと気分は低空飛行だったなという時は、次々ツイてないことが起きてヘビーな落ち込み現象を連続して受け取ったこともありました。

波動の答え合わせのおかげで、過去に発した波動（感情）とそっくりな感情を味わう現象を受け取っていることが、痛いほどよくわかったのです。

「波動の答え合わせをしてみよう」という意識をもつことができると、突如として〝研究者〟の視点をもてるようになるので、〝自分〟や〝現実〟を俯瞰《ふかん》して見ることができ、ネガティブな感情に引きずられずにすむのでかなりおすすめです。

反対に、今、陽の感情を送り出せば、それが未来の「陽」な出来事を創り出すということだよね、と検証するようになり、陽な感情を保てるように努めました。

そうすると、やっぱり「かわいい」と褒められたり、売り上げが倍以上に上がったり、うれしいことが起こりやすくなるのですね。

波動の答え合わせをしてみる

面白いもので、いいことが続くと、いいことを自分から無意識のうちに見つけるようになって、いつでも「いい気分」を保ちやすくなってきます。

やはり自分が何を日頃から意識しているか、どんな波動（感情）を発しているか、というところはとても重要です。私たちは、過去の自分が発した波動（感情）から創られた〝今〟を生きているだけ。

ですから、嫌なことが続いているなと思ったら、過去の自分が発した波動を検証しながら、〝今この瞬間〟から発する波動を切り替えて、改めて陽気な現実を創り出してください。

☆未来への不安を失くす。事実と想像、どっちにフォーカスしてる？

不安に気づいたらそのエネルギーを行動力に変換させるということもできますよ。

不安や心配、焦りといったネガティブな感情はなるべく避けたいですよね。でも、それを行動力に変えることができたら現実創造を加速させることができると言われているのです。

まず、ネガティブな感情が起きたら、そこから無理に逃げようとせず、「不安を感じている」とちゃんと感じ切ってください。

不安に浸るのではなく、「ああ不安なのね、私」と客観的に見てあげる感じです。

多くの人にとって、不安はまだ起きていない未来について想像するフィクションだったりします。まだ起こっていないことを想像して、心を疲弊させているんです。

新型コロナウイルスのパンデミックはそれが顕著に表れていると思います。

「自分がかかったらどうしよう」「子どもがかかってしまったらどうしよう」「仕事がなくなったらどうしよう」など、想像した人は少なからずいると思います。

その想像の中で起きていることは、ファクト（事実）か、フィクション（想像）か、と一旦立ちどまって考えてみると、ネガティブな思考のループから抜け出せるきっかけができたりします。

新型コロナウイルスに限りませんが、インフルエンザでも、何でも「かかったらやだな」と思うのであれば、それを変えられるのは、今ある事実、ファクトをどうするか、そこを考えて三密を避ける、マスクをする、手洗い、うがいをするなど行動するのみと決まっているのです。

どんな予防をするか、どんな生活をしたらいいか、今できることってたくさんありますよね。

ある50代の独身女性がいました。その方は「結婚したいけどこの年齢《とし》だから無理だろうな」と思っていました。

婚活もうまくいかないし、どうせうまくいっても、いずれ若い子に目移りするんだ。

私は幸せになんてなれないんだ……と思っていたのです。

自分の恋愛とか結婚、パートナーシップを悲観していて、さみしいフィクションを思い描いているんです。

でもこの中の事実、つまりファクトは、彼女は「50代の独身女性である」というだけですよね。その後どうなるか、なんて誰もわからないのです。

明日出会った男性から、一目ぼれされる可能性だって十分あるのに、本人は出会いを望んでいるのにもかかわらず、不安な未来ばかりを思い描いているのです。

そこにエネルギーを使うのは、もったいないです。

もし、不安に押しつぶされそうになったら、「これはファクトか、フィクションか」と考えてみてください。

そして、ファクトのほうにだけ、意識を向けましょう。どうせなら、こうなってほしいというフィクションを思い描くことにエネルギーを向けてみてください！

・フィクション
派遣の契約が
更新されない
かも……
彼氏が自分より
若い子と
浮気するかも…
・ファクト
30代派遣社員
5歳年下の彼氏

☆ブロックはあっていいと認める

宇宙とともに現実創造をしているが、仕事の願いは叶いやすいのに、恋愛はうまくいかないとか、お金の問題だけは解消されない、と願い事によって叶い方に差があるという方がいます。

私の経験ですと、どれかひとつうまくいき始めると、他もうまくいき始める感覚があります。

宇宙の理論から見ても、宇宙は私たちの願いすべてを叶えたい、幸せになってもらいたいと考えているので「仕事はあげるけど、恋人はあげない」というようなケチなことはしません。

たとえば、「私は毎日豊かで幸せを感じて生きています」と宇宙に宣言したとします。

そうしたら、お金も、恋愛も、人脈も、あらゆる豊かさや幸福を受け取ることを意図していることになるので、すべてが循環するようになるというのが、基本なのです。

でも、謎にうまくいくものと、いかないものがある。それはその分野にブロックや執着があるからかもしれません。

ブロックというのは一言でいえば、精神的な壁です。その程度は物事によっても違うと思います。人によっては深いトラウマとして残っていたりすることもあるでしょう。

私が思うのは、誰でもブロックのひとつ、ふたつあって当然だということです。

私もだいぶ減ってきてはいますが、まだまだあると思っています。心配しないでください。ブロックがあっても現実創造はできますから。

現に私は、お金のブロックがあったままでも起業して、収益を伸ばしていますよ！

確かに、ブロックがないほうがすんなり現実創造ができるかもしれません。

でも、注意してほしいなと思うのは、「ブロック解除」にばかり躍起になってしまう方が多いことです。

そうなっている時は「私はブロックがあるからダメ」と深層心理で思っていることが多いものです。「ブロックがあるとダメ」と考えてしまうと、「ブロックを解除しなくちゃいけない」「ブロックがあるから幸せになれない」と考えがちになりませんか？

そういうことばかり考えているとどう考えても波動が乱れますよね。

私としては、ブロック解消に費やす時間を、「なりたい自分」のヴォルテックスに入って「なりたい自分」を妄想する時間にしたほうが１００万倍いいと思います。

私はそう考えて、ブロックを意識することは、今はもうほとんどありません。

ただ、ブロックができるというのは、何かしら原因があるのですよね。過去にすごく辛い経験をしたとか……。もしそうなのであれば、妄想に浸る前に、その辛い感情を全肯定・全受容してあげてください。

たとえば、恋愛に対してブロックがあるとします。それが、「信じていたパートナーからお金をせびられたり、こっぴどく振られた」というような人間不信になりそうな経験だとしますね。そうしたら、その辛いという感情に優しく寄り添ってあげてください。

「辛かったよね」「頭くるよね」「もう大丈夫だよ」、という感じです。

〝傷ついている自分〟を受容し、癒《いや》してあげることができると、あまりブロックにとらわれすぎることなく、自然とウキッとする妄想をするほうに意識が移行していくので、そこから楽しんで波動を高めていっていただきたいです。

☆嫉妬は成長のチャンス。「鏡の法則」が働いている

自分の容姿、見た目に対するコンプレックスで悩んでいます、と質問をいただいたことがありました。

友達には彼氏がいるけど自分にはできず、容姿のせいで悲しく辛い思いをした経験や、友達と歩いている時に友達だけスカウトされた経験などがあり、自分はいつも引き立て役、かわいくないからではないか、と悩んでいる方がいました。

その方は、顔が変えられないのなら、スタイルと性格をよくすることに注力しようと、ダイエットしてみたけれどうまくいかなかったり……。さらに、「結局顔がよければうまくいくんだなあ」と思うような出来事が友達との間で起こったりして、現実創造がうまくいかない、もうどうしたらいいかわからない、となっていたそうなのです。

見た目のコンプレックスは、私もめちゃくちゃありましたから、本当によくわかります。わかりすぎるほど、わかりますよ！

でもね、もうお気づきかとは思うのですが、「なんとかして見た目を変えたい」とか「なんで私には彼氏ができないんだろう」というところにずっといると、波動は乱れたままなわけですよね。

ここで知ってほしいのは、コンプレックスがある時というのは、あなたは必ずといっていいほど、誰かと比較しているんです。

周りの友達かもしれないし、芸能人かもしれませんが、その人に比べて自分は……と比較が入って、自分をコキ降ろしてしまうのです。

宇宙からしてみると、あなたも妬《ねた》ましい相手も、同様にかわいくて、同様に無上の幸せが注がれています。

友達を見て、「あの子はかわいくていいな。よし、私も頑張ってかわいくなろう！」とそれが自分を変える「きっかけ」になるのなら、比較してもぜんぜんかまいません。

そこから、たとえば、新垣結衣《あらがきゆい》さんみたいにかわいくなるんだって決めて、なりきり妄想をしてみるというのは、すごく効果があります。

実際に、髪型やメイクなど真似できるところってたくさんあると思います。今は、自分にいちばん似合うメイクをプロが教えてくれるところもありますし、芸能人のようにプロの手を借りてきれいになる方法がいくらでも見つけられますよね。

純粋に「かわいくなる！」と決めて、ありたい自分をワクッと想像していたら、そういう有意義な情報って舞い込んできたりするのです。

逆に、「どうして私はかわいく生まれてこなかったんだろう」「自分の顔嫌い」という自己否定が強かったり、かわいい子に対して、「どうせ顔だけだよ」「いい気になってる」というような妬みやそねみ、やっかみがすごくて、それらを根に持ち続けていると、ちょっと厄介です。そういう陰気な状態から起こるやる気やモチベーションだと、マイナスからのスタートになってしまうので、ヴォルテックスに入るにしても、抵抗が生まれやすかったり、浸りにくいということが出てきてしまいがちなのです。

うらやましいな、と思う相手が出てきた時、覚えておいてほしいことがあります。

それは「鏡の法則」が働いているということです。

目の前に僻《ひが》んでしまうくらいかわいい子や、彼氏とラブラブの子とか、自分が欲しいものを兼ね備えている子がいるということは、あなたもそういう立ち位置に行く人なんだということなんです。似たような波動だから、目の前に登場したのですね。

あなたがかわいくないわけでも、彼氏ができないわけでもなく、比較が入ってしまい、相手にあって、今のあなたに足りていないところにばっかり目がいってしまっているだけです。

うらやましいくらいかわいい子が目の前にいるということは、あなたもそういう存在だということだし、今以上に容姿をもっとかわいくできるということだし、彼氏とラブラブな子がいるということはあなたにもラブラブのステキなパートナーができるということなんです。

うらやましい人が現れたら、鏡の法則を思い出して、その思考で行きましょう。

私は「鏡の法則」でコンプレックス解消トレーニングをしてみたことがあります。私は、昔からおやじキャラで、それは自分でも気に入っているんですけど、男性から女性としてちゃんと見てもらいたいなという気持ちもずっともっていました。

ある時、石原さとみさんが気になりだして、彼女が出ていた雑誌をしこたま買い込んだり、ネットの画像やドラマをずーっと際限なく見ていたのですね。「こんなふうにかわいかったらいいよねー」と。それで、「もし自分がこんなにかわいかったら……♡」って、なりきり妄想してみました。

ニコッとするだけで、イケメンがわらわら集まって親切にしてくれたり、誰からも「いつもかわいいね」と言われたり、花束もらったり……。そんな想像をしたいだけ繰り返していたのです。

私の2年前くらいのYouTubeを見ていただいたらわかると思うのですが、見た目が、今とかなり違います。うれしいことに、ずいぶんかわいくなったと言われるようになりました（ありがたや（笑））。

これは、「石原さとみ」ミラーリングのおかげなのです。

実際に痩せましたし、以前はほとんど皆無だったのですが「かわいい」とリアルに言ってもらえる機会もとても増えました。

女性としては、やはり「かわいい」は最高の誉め言葉ですし、最高の気分になれます！

うらやましいと思える人が現れたら、やっかんであら探ししたりせず、素直にステキと認めて、「私もこういう人になれるんだ」と受けとめましょう。そういう人になった自分を想像して、キラキラと輝いている自分に意識を切り替えてみてください。

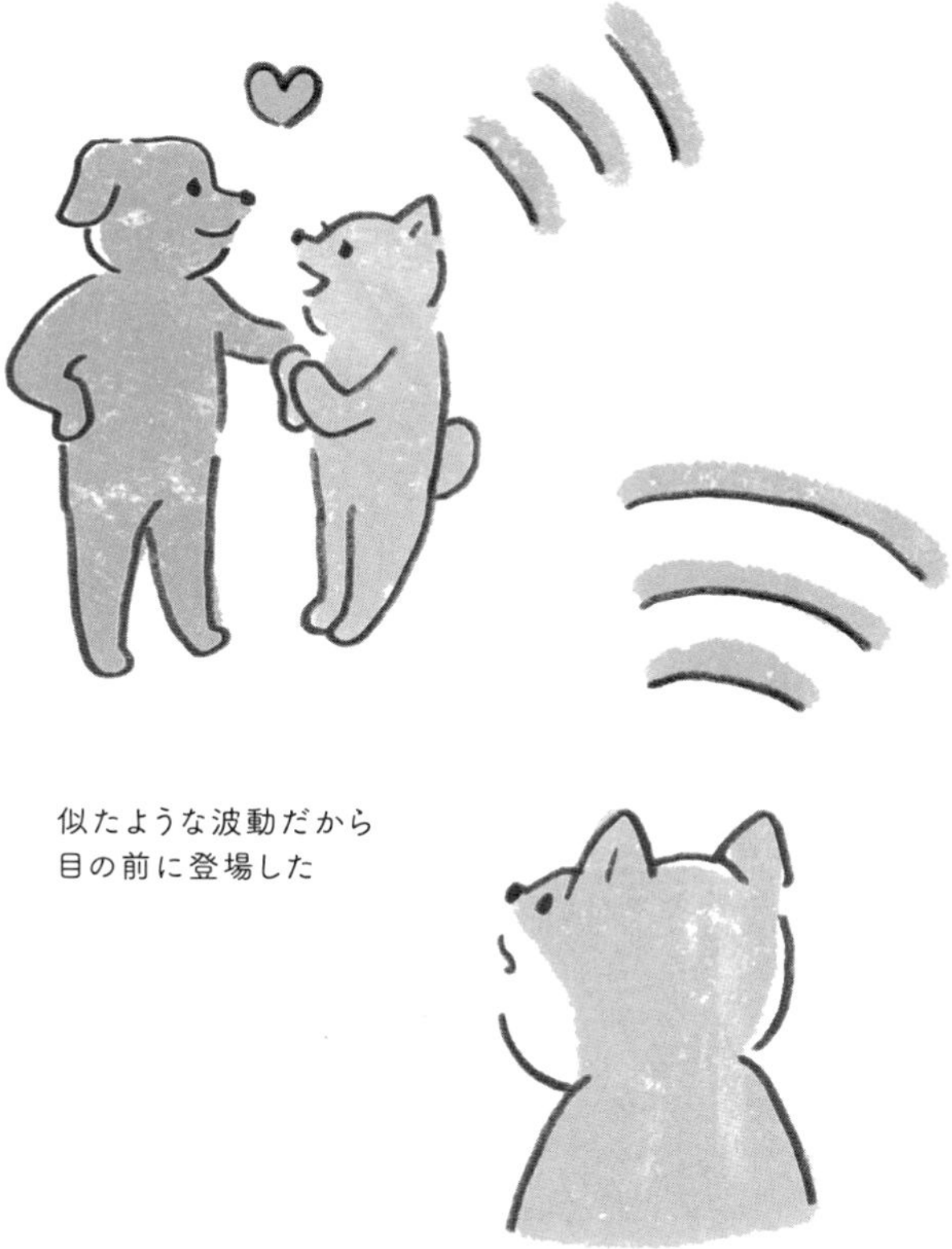
似たような波動だから
目の前に登場した

☆憧れの人になるワーク
純ちゃん流モデリング

モデリングはその言葉通り真似《まね》することです。私は憧れの人がいると、その人をよく観察して、その姿勢をモデリングして真似しています。

石原さとみさんに憧れて真似した話をしましたが、容姿だけでなく、生き方や考え方が素敵だな、存在が素敵、と思える人のモデリングも可能です。

たとえば、ミッキーマウス。世界のアイドルで存在するだけで子どもから大人までみんなを笑顔にしちゃう存在です。

でも以前の私は、だいぶひねくれ者でしたので、ミッキーや夢の国の人たちの悪口を言っていたくらいなんです……。「夢の国っていうわりに入場料高くない?」とか、難癖つけていたこともありました。振り返ると、たまらない波動の低さですよね。

一体ミッキーの何がそんなに人を惹きつけるのかな、みんなはどこが好きなのかなと観察してみたら、やっぱりすごく愛嬌があってかわいいんです。それから、たちまち憧れてしまい、今、ミッキーの愛され波動を吸収中です。

叶《かのう》姉妹も憧れの対象です。お2人は、どんなに周りに非難されても、よその人のことは批判したりせず、自分たちの信念を貫き通しているところを尊敬していて、そういう姿勢をモデリングさせてもらっています。

俳優のムロツヨシさんも、最近のモデリング対象です。名バイプレーヤーという感じですが、自分から前に出ようとしないけど、周りから必要とされて前に出ちゃう感じというか、ユニークな存在感があるところが自分にもあったらいいなと思って、モデリングしています。

芸能人やキャラクターを例にしましたが、もちろん周りにいる人でもいいのです。うらやましいな、ああなりたいな、と思ったら、ぜひどこに惹かれているかを考えて、その惹かれた箇所をモデリングしてみてください。

人のいいところを真似する行為なので、その人のいい波動を真似して取り入れることになりますから、波動も上がります！

しかしながら、あくまで〝モデリング〟をするだけで、〝その人〟になろうとはしないでくださいね。

あなたはあなたの個性があって素敵で、あなたがあなたのままでいてはじめて、周りの人も魅了されてしまうので、「〝他の誰か〟になる必要はない」という点は、忘れないでください。

ネガ対策④
ネガティブ感情を浄化する

ここでは、ネガティブな感情をデトックスする方法を主にお話ししたいと思います！

最初にお伝えしたいのは、ネガティブ感情が起こりやすい自分の癖をデトックスすることです。

どんな癖か先にお伝えすると、

・周囲の目を気にする癖
・先延ばしにする癖
・自己否定する癖

この3点セットです。

これらを根強くもっていると現実創造がなかなか進まないことがよくあります。この3つはもうやめた！　と決めてほしいくらいです。

この3つがなくなると、心のエネルギーがガラリと変わります。

☆周囲の目を気にする癖を失くす

私はついつい「何と思われるか」という周りの人の目を気にしてしまうところがあり、自分の本当の姿で生きてこられなかった人です。

たとえば、仕事を選ぶ時など、親の目を気にして進路を決めました。親から会社に勤めたほうが安定的な収入があっていいよと教育されてきたこともあり、お勤めを選んだのですね。

実際にそれをやってみて、ずいぶん自分を苦しめて遠回りさせてしまったなと思う時があります。親としては子を思っての助言・教育だと思いますから、その思いには感謝しかないですし、親にいくら言われても自分の道を進む人もいるのですから、結局は私が選んだのですが、幸せな現実を生きるという部分でかなりこじらせを加速してしまったかなと感じることがあります。

また、会社員の時はとくに、本心では違うことを思っているのだけど、その言葉をぐっと飲み込んで、言いたいことを言わなかったり、ということもありました。自分が何か発言することによって周りの人に嫌われちゃうんじゃないかみたいな意識があったのです。なので人付き合いは本当に疲れるし、モヤモヤを常に抱えて帰宅していたりしました（当時周りにいた方に問題があったのではなく、当時の私の在り方に問題アリでした）。

私は、ある時、そういう自分をやめよう、本音で生きようと決めて、本気で修正をかけたのですね。

はじめは、自分の中に湧き上がってきた言葉を、しっかりと周りに伝えてみるようにしました。

仮にその時批判されたり、自分の気持ちとは反対の言葉をもらうことがあったとしても、それはその人の意見。みんな違っていいんだ、というスタンスを身に付けるようにしたのです。

そのようにしてから、人間関係に変な気を使わなくなって本当に生きやすくなりました。

今、世の中に自分の考えをYouTubeやメルマガで発信したりしていますが、それができるようになったのは、そのスタンスを身に付けたおかげです。

世の中に「自分はこう思います」という意見を伝える時というのは、やはりこの地球では賛否両論というところに置かれるため、時には、批判・反対のお言葉をいただいたり、攻撃されることもあります。でもそのような場面に出くわしても、私は私の好みの考え方があって、その人はその人の好みの考え方があっていい。だからどんなお言葉をいただいても、自分が深いダメージを受けることはなくなりました。

繰り返し言いますが、現実創造は「喜怒哀楽」の現象が全部来ます。自分のステージが変わればいろいろな人が現れます。これから現実を創り変えていこうという人は、自分の考えをちゃんと言えるようにしておくことです。意見が違う人が現れたとしても、多様性があることを受け入れて、できるだけ自分の本心に従って動くことを大切にしてみてください。

☆ 先延ばしにする癖を失くす

先延ばしの癖も、できれば外しておいたほうがいいです。

とくに、現実創造をしたいのなら、インプットとアウトプットはワンセット、と覚えておいてください。知識を得たら、なる早で試す、ということです。

引き寄せの法則でも、何でもいいのですが、自分が本などで知ったり、講座などで得た知識をアウトプットしない、自分で試してみない人がとても多いのですが、アウトプットしていかないと、あいにく現実創造は始まりません。

スピリチュアルな世界が好きな方は、自分のタイミングというのを大切にしていると思います。ピンときたらやる、というやつですね。それができる人はそれがいちばんいいんです。直感に従って動くとも言います。

ただ自分のタイミングがまだよくわからない、という人は情報が入ってきたら、とりあえずすぐ行動したほうがいいです。アウトプットの癖付けをしていると、面白いことに、自分のタイミングというのもじょじょにわかってくるようになります。直感も冴《さ》えてきますよ。

正直に言うと、私は筋金入りの先延ばし癖がある人間でした。「インプットしたらアウトプット（決意して行動）」なんてどの口が言うとるんじゃい……と過去の私からどつかれてしまいそうです。

決意と行動は、営業時代に学んだとお伝えしましたが、プライベートではまったく生かしていなかったんです。「痩せたい」にしても、「彼が欲しい」にしても、「こうだったらいいなー」とぼんやり思っているだけ。「めんどくさい」が口癖で、いつもだらだらブーブー言い訳していました。

でもある時、〝ピンとくる瞬間〟を待っていてもなかなかこないというか、さまざまな言い訳をしながら先延ばしにしている自分に気づいてしまったんですよね。

知識や情報だけ大量にもっていて、現実はぜんぜん変化していっていないことに気づいた瞬間があって、その時から〝ピンとこなくても動く〟を心がけるようにしました。

そうしたら、現実にさまざまな変化が出てきて、宇宙とつながっている感覚も強くなりました。

「そのうち〜」とアウトプットを先延ばししているうちに、どんどんどんどん年を重ねてしまって自分が創りたい現実が創れないとなってしまうのは非常にもったいないです。ぜひインプットしたら早めにアウトプットにつなげてみてください。

☆自己否定する癖を失くす

私自身、昔はちょっと失敗したりすると、自分にダメ出ししてばかりいました。「なんでできないのかな」「なんでこうなるわけ」と自分を責める言葉がとまらなかったんです。そうすると、自分はどんどん傷ついて心は疲弊していくのですよね。さらに「どうせ私なんて」という意識が強く潜在意識にも刻まれて結局楽しくない毎日になっていきます。

自己否定の言葉をあまり自分に言わないようになって、いちばん変わったところは、心豊かに生きられるようになったことです。

結果、その投影としてリアルに豊かなものをたくさん受け取れるようになりました。

自分を責めてしまう癖がある人ほど、自分に優しい言葉をかけてほしいと思います。

「焦ることないよ」「よくやってるよ」というふうに自分の扱い方を丁寧にしてあげて

ください。

そうするだけですごく自信がもててきたり、気持ちが前向きになれたりするんです。

もし自分に心ない言葉を言っちゃったな、責めちゃったなという時は、「さっきはあんなこと言ってごめんね。本当は大好きだし、大丈夫だよ」というような安心する言葉をかけてフォローしてあげてくださいね。


心の勉強をしている方は、インナーチャイルドワークとしてご存じかもしれませんが、もうひとりの内なる自分に対して、

「頑張っててエライね」

「私はちゃんと見ているからね」

「いつも頑張ってくれてありがとう」

というように、自分が人から言われたらうれしいなと思うような言葉を自分にかけてあげると、自分の内側がうれしくて泣いちゃうような、心が温まる感じになってき

1 周囲の目を気にする

2 先延ばしにする

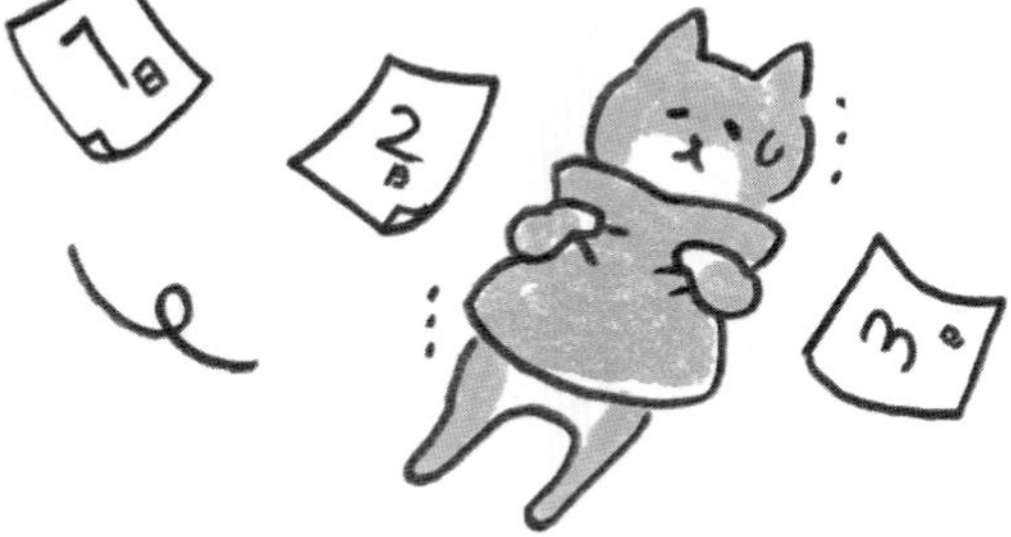

3 自己否定する

ます。

そうやって心がちょっと癒えた時に豊かさの扉が開いて、現実にも反映されていくように思います。

誰よりも自分を大切に扱うということを実践していくと、大きく人生は変わっていきますよ。

☆ネガティブ浄化ワーク
重たい感情を浄化する呼吸法

人間は、喜怒哀楽をセットで感じる生き物です。そうは言っても、過度に苦しいことや辛いことを考えすぎてズルズル引きずるのはナンセンスです。気軽で気楽な感情に切り替える・整える習慣をもっていると、宇宙のサポートを得やすくなります。

とってもシンプルでありながら簡単に波動が高くなるワークをお伝えしておきます。

できれば、テレビとかラジオなどの音は消して、静寂の中でトライしてみてください。

①深呼吸します。鼻から大きく息を吸って、口から吐いていきます。
自分の中の重たいモヤモヤが、吐く息とともに体の外に出ていきます。

②モヤモヤが薄く、軽くなってくるまで、深呼吸を続けてみてください。
自分の背中に羽が生えて軽くなっていくようなイメージをしたり、軽やかにビーチを走っているイメージをしたり、思い思いに「軽くなっている」自分を想像してみましょう。

③呼吸を繰り返して、どんどんすっきりとした空気が入ってきて、落ち着いてきたらおしまいです。

波動を高く保つというと、元気印な印象があるかもしれないですが、おだやかであるとか、安心感があるというのも、とても波動が高い状態です。この呼吸を整えるイメージワークはとても有効です。
ネガティブな感情を抱えている時だけでなく、オーダーする前に気持ちを整えたり、瞑想の代わりにもなります。

☆ネガティブ浄化習慣①
お笑い番組を観る

私はお笑い番組などの動画をよく観ているのですが、笑いというのは、最高峰の波動の整え方のひとつだけあって、ネガティブ解消度がすこぶる高いです！

ごろっと寝っ転がって枕元でYouTubeで中川家の漫才を流し続けたりするんですが、クスッと笑えば一気にパーンと浮上することができたりもします。大笑いまでいけば、さらにモヤモヤが吹っ飛びます。

☆ネガティブ浄化習慣②
体からゆるめる

気分がなかなか晴れない時は、体からゆるめる方法をとってみましょう。

シャワーをさっと浴びたり、マッサージに行ったり、体を動かすことが好きな人は運動をしたり、踊ったりしてもいいと思います。

心がゆるまない時は、体からゆるめてしまうんです。

心と体はつながっているといいますよね。それは本当で、ものすごくショックなことがあると、ご飯も喉《のど》を通らないなんてことありませんか?

ネガティブに浸っている体はどうしても固く縮こまっていますから、体を動かすことは理にかなった方法なんです。

☆ネガティブ浄化習慣③
おでこをペシッと叩《たた》く！

ネガティブにどっぷりハマってしまった時の抜け出すきっかけとして、五感に働きかけて、意識がフォーカスしている先を変えることは、エイブラハムもすすめています。

たとえば、周りの音に注目してみます。

風の音に耳を澄ませてみることで、嫌な想像から意識をそらせる、という方法が紹介されていたりします。風がない部屋の中だったら、エアコンの音とか、何でもいいのですね。

ひとつ、いつでもどこでもできる私の方法をご紹介します。

それは、おでこを痛いくらいペシッと叩くことです！

「イタッ！」となった瞬間、自分の意識は〝痛み〟にフォーカスします。その瞬間は間違いなくネガティブから自分の意識は抜けています。

すると、「アレ？　何いつまで悩んでいるんだろ」と思えたりして、不思議とネガティブから抜け出したりできるんです。力加減には気をつけていただきたいですが（笑）、ネガティブ感情から抜けづらい時には試してみてくださいね。

お笑いを観る

体からゆるめる

おでこをペシッと叩く！

第4章

「引き寄せ」勘違いに気をつけよう

勘違い❶

⬅いいことしか起こらないと思ってない？

喜怒哀楽全部起こります！　感情にふりまわされすぎないために、中庸《ちゅうよう》を意識してみて！

現実創造や引き寄せの法則をやり始めた時、私が思いっきり勘違いしていたことがあるんです。

ひとつは、いいことしか起こらないようになるのでは？　ということです。

今振り返ると、「今の悩みが解消されたら、もう苦しむことはないんだ」って考えて現実創造していた自分は、ぜんぜんわかってなかったなと思うんです。

この地上で、人間として肉体をもって生まれてきている以上は、苦しい、悲しい、悔しい、羨《うらや》ましいというような陰の感情が決してなくなることはなくて、そういう現象があってはじめて喜びを感じられるんだということに気づいてからのほうが、現実創造がうまくいき始めました。

本気で、悲しいこと、辛いこと、悔しい、と思うようなことを感じなくなったら、それはそれで単調でつまらない人生だと思いませんか？　ドラマとか映画も、ハラハラドキドキするからこそみんな面白いって思いますよね。

いろいろ起こって当たり前ですし、たとえ嫌なことが起きても、自分の過去のへたっぴなオーダーが戻ってきただけと思って切り替えていけば問題ないのです。


宇宙にオーダーを出した後、以前は、「今日はどんないいことあるかな？」「何があるかな？」と、よく過度な期待をしていました。それに反して嫌な出来事が起きると大きく落ちこんでいたのです。

結局過度な期待感が、今幸せじゃないから、いいことを引き寄せたいという執着になってしまっていて、心の根っこで「不安」になってしまい、つまり不安を送り出していたのです。

今は、「**過度な期待をせず、フラットもしくは陽気を保つ**」という境地で毎日過ごすことがだいぶできるようになりました。

一日普通に、無事に過ごせたらＯＫ、くらいな気持ちです。だからといって、悔しい思いをすることがあってもいいし、大喜びすることがあってもいいし、という中庸でいる、ということをいちばんに心がけています。

悔しい思いをすることも、うれしい思いをすることも、必要な展開しか起きてこない、ということを受け入れる心持ちです。

不思議なことに、そういう意識で日々を過ごすようになってからのほうが、ラッキーなことが起こりやすい、しかも自分の思っている以上のことが起きたりするので、本当に宇宙にはびっくりさせられています。

勘違い❷

◀嫌なことがあった時「不幸だ!」と決めつけてない?

「ジャッジをしない」というスタンスを取ってみると、心が軽やかになるよ

人間生きていればどんな時にも「問題」や「壁」は生じるもので、それにともない「苦しい」「辛い」「モヤモヤ」「イライラ」などのネガティブな感情に向き合うことになります。

そしてその状態を「不幸」と、ジャッジしてしまいがちなのが人間という生き物ですよね。

でも実は、問題や壁は魂が成長している人のみが見て感じることができるものなのです。

「現状を打破しよう」「今までの自分を変えよう」とする時は、意識・思考・行動に

「変化」という動きを必ずつける必要がありますから、必ず「摩擦」が起こります。反して「現状維持でいいや」「今の自分のままでいいや」というような、何の変化も求めない状態というのは、動きを必要としていませんから、当然「摩擦」は起こりません。

つまり、変わろうとしている人のところには、常に摩擦が生じるため、日々に「失敗」「苦しみ」「疑い」「不安」ということが起こりやすいとも言えるのです。

でもそのおかげで、「現状を打破する力」がついて、成長できるのですね。

もし嫌なことが起きたら、「わあ最悪」とか、ジャッジしないで、淡々とこなしてみる、ということをしてみると、目の前の景色が変わると思います。

何かあると、「また大変なことが起きた」「また仕事を押し付けられた」など、その都度ジャッジして、「不幸」という感情を感じてしまうと、せっかくの宇宙へのオーダーが取り消されてしまう可能性もあってもったいないです。

嫌な出来事をジャッジしない、という視点をもてると、ふだんから、自分の波動をとても高い状態でキープしていられるようになります。ちょっとナーバスになるような出来事は、心の器がでっかくなるチャンスでもあるのです。

宇宙は乗り越えられない試練は与えないといいますよね。それは本当で、一瞬やだなと思うような出来事も、やっぱり宇宙の計らいで、成長のために必要なことなのだと私は捉えるようにしています。

勘違い❸

波動を高めておしまいにしてない？

現実化には波動を「強くする」ことも大事。優しくて強い人になろうね

宇宙はいつだって優しくて愛情たっぷり。その宇宙の波動でもある「優しい波動」ってとても心地よいですし、優しい人とお話しすると心がほっとして安心しますよね。ですから、優しくいられることは波動がとても高い印なんです。それはとても素敵なことなのですが、実は、優しいだけだと現実は変わりにくかったりします。量子力学の分野で言われることなのですが、波動は高いだけでは、なかなか形になっていかないんです。

波動高くいるように日々努めている人は非常に多いと思うのですが、「高い」にプラスして、「波動が強い」となると、無敵になってきます。

波動そのものを強くする、という言い方はちょっとわかりにくいかもしれませんが、「波動」という言葉を「気」という言葉に置き換えるとわかりやすいかもしれません。たとえば、一般的に見て性格的に「気が強い」といわれる人がいますよね。

気が強い人たちというのは基本的に現実を変えやすかったりします。

ある方の相談でした。その方はとても優しくて高い波動の持ち主の女性なのですが、今ひとつ現実が進まないことに悩んでいました。

今、自分自身は、新たな仕事をするために会社を辞めようと思っている。そのために準備もしてきたのだけど、今の職場の人たちがとても優しくて、自分にとてもよくしてくれているから、そこを動くのは申し訳ない気がしてなかなかできないと。

まず、自分の周りに優しい人がたくさんいて、自分によくしてくれる、というのは自分が優しい波動をこれまでにずっと宇宙に送り出してきた結果ですから、すごくすばらしいことですよね。

それはそれでとてもいいのですが、そこを離れることは、自分に親切にしてくれる人を裏切ることではないですし、何もひどいことをするわけではないのに、その方は職場を離れることを躊躇《ちゅうちょ》していました。

もしかすると、職場で、すごく頼りにされていて、「絶対辞めないでね」みたいな無言の圧力をかけている人がいたのかもしれない（笑）。そういう気の強い人の影響を受けてしまって動けなくなっている可能性がある印象を、その時、私は彼女から受けました。

それがいい、悪いではないのですが、もう少し気を強くもって行動に移してほしいと感じました。そしてそこも自分で選べるのです。

もしかしたら、辞めると言ったら激しく引きとめられるかもしれません。でも、もうしたいことが決まっているのなら、迷うことなんてないと私は思います。

この肉体を使えるのは、今生1回きりですよ。

そして時間というものがこの地球にはあるので、自分たちが棺桶《かんおけ》に入るまでの時間というのはやっぱり限りがあるわけです。

そこを加味して考えると、やはり自分自身がもっと波動を高くして生きられるステージに移るのはごく自然なことで、誰かのためだったり、誰かに合わせて生きている場合ではないと思うんです。

人の役に立つことをする、人に喜ばれることをする、ってすばらしいことです。成功哲学では、それこそが豊かさを永遠に呼ぶ方法だと言われたりもします。ただ、それは自分がちゃんと十分に満たされているからうまく循環していく、ということです。

私はもっと別の生き方がしたいのに、もっと他のことができるのに……と思いながら今の職場にい続けるというのは、自分の可能性を知らず知らずのうちにないものにしてしまうこともあります。何も変わらないことは、自然法則にはなく、水も空気も循環しなければ淀《よど》んでしまいますよね。

なのでもしも、残りの人生を今よりもっと楽しい、うれしいと思える感情を感じて生きられる場所があるのなら、勇気をもって新しいステージに歩みを進めてみてほしいです。大変なこともあると思いますが、それも人生の彩《いろど》りです。

自分がもっと充実して生きられる場所に行く。そのためには、時として、波動を強く、自分を強く出していくことが必要な時もあるんです。

ですから、波動を高めることと同じくらい、波動を強くすることにも努めてみてほしいです。

☆「優しくて強い」波動の人になろう

スピリチュアルな世界でも、今、さまざまな情報を発信している人が多いですね。

優しくて強い波動の人から受ける影響は何も問題ありません。「**優しくて強い**」というのは、現実創造をするうえでも最も理想的な波動の在り方だと思います。そういう人は、どんなに成功していても、その人自体が変わることはなく、誰に対しても平等に対応して、自分に依存させるようなことはしません。

たき火のような
優しくて強い波動を目指す

ここでひとつだけ注意喚起をしておきます。

注意してほしいのは、「気が強く、波動が歪《ゆが》んでいる」みたいな人の発信です。別に〝その人〟が〝悪い〟と言いたいわけではなく、そのような波動をキャッチし続けていると、自分の波動も歪むことは覚えておいてください。

けっこうズバッと言っちゃいますが、たとえば、恐れや不安を巧妙に煽《あお》るといいますか、「これを買わないとヤバイよ。幸せになれないよ」と、こちらを心配するようなふりで、実は恐怖の波動を送っているようなケースがあります。

もしかすると、その人本人には悪気はなくて、そういうつもりでやっていないかもしれませんが、だいたい、未来は大変、これから最悪なことが起こる、というふうな前提をもっていたりします。

そういう未来を思い描きながら出てくる言葉となると、宇宙の波動とはまったく同調しない、〝不安〟や〝恐れ〟という低くて歪んだ波動のものになります。

そして、〝不安〟や〝恐怖〟という感情から出る言葉は、エネルギーとして見ると非常に重くて強いため、キャッチしている側の人間の波動も、低く歪みやすいです。

ですので、表面的な数字に惑わされず、〝不安〟や〝恐怖〟を直感的に感じた方からは離れたほうが健全かと思います。

関係性としても、その人が上で自分が下、矢印が一方通行でエネルギーの循環がない場合には、それは宇宙理論からすると不健全な関係だということは覚えておいてください。

☆自分の意見をもつと波動は強くなる！

これからの時代、二極化が進んで、しばらく混とんとしたエネルギーが続いていくとなると、どんな人も波動を強くしておくにこしたことはありません。

そのためには自分の考え、意見をもつことです。**自分基準で選ぶこと。それがいちばん自分を守ってくれるし、波動も強くいられる秘訣です。**

「私は私」とどっしり構えていられるようになると、気を高く強く保てるようになります。その状態が自己信頼度が高いともいえます。

自分を信頼する、とよく言われますが、なかなか難しいものだと思います。

自分を信頼するためには、自分の考えがまとまっていないと、うまくいきません。

世の中にある情報も、今私が伝えている情報も、情報をキャッチした時には、「自分はどう思うかな」「自分の考えはどうかな」と自分の内側がどのような言葉を発しているのか？　をいつ何時も観察してみてください。

この本に書かれている私のやり方も、あなたにとって絶対ではありません。

「ここは私は違うと思う」と感じるところがあったら、そっちがあなたにとって正解なんです。

そういうひらめきや自分の感情、違和感を見て見ぬふりをせず、信じて採用してあげてください。

「私はこう思う」というのを考えていけると波動はどんどん強くなっていきます。

そして、私はこういう人間なんですっていうことをちゃんと周りに伝えて、自分を解放してあげてください。

宇宙に届くオーダーのパワーもより明確に高く強くなって、現実化も勢いがついてきます。

勘違い❹

←望みがでかすぎやしませんか？

キャパオーバーになってない？　オーダーは現実とのギャップが少ないほうがうまくいきます

自分がこうなりたい、という姿を決めたら、もう自分がそうなったつもり、なりきり作戦でその気分を味わうことが大事だよ、と繰り返しお伝えしていますよね。

それがどうしても、うまくいかない時には、こうなりたいという自分と、今の自分に大きなギャップがあって抵抗感を感じているのかもしれません。

たとえば、あなたは収入を上げたいとします。現在の月収は20万円です。

一方、「こうありたい自分」は、月収１００万円を望んでいるとします。

妄想の中で「月収１００万円の暮らし」というものを想像すると、「これまでは回転寿司だったけどカウンターのお寿司屋さんに行くだろうな」とか、「プライスタグを見ないで欲しい洋服を買うだろうな」などと空想しますね。

でも、「月収が20万円だし……」とか、「お寿司屋さんのカウンターで支払いを気にせず食事したこともなくてよくわからないし……」など、モヤッとしてしまう人が多いのも事実です。

そのモヤモヤが大きくなると、「月収１００万円」というオーダーがキャンセルされたり、モヤモヤが現実化されてしまうという負のループに陥ってしまうこともあるので、まさにそうなってる！　と思う方は、ゴールの「月収１００万円」はそのまま宇宙にお預けしたままで、自分が抵抗のない額の設定をもうひとつオーダーしてみる、という手があります。

実は、「月収30万円」とか「月収50万円」というオーダーをしてみると、すんなり現実化していくことがよくあります。

いずれ１００万円になるけど、30万円、50万円と、じょじょに上げていくことにしましたよ、と宇宙にお願いする感じです。

人間はどれだけ望んでもOKとなれば、欲が出るのは当然です。「こうなりたい！」という理想が大きいのはとてもすばらしいことだと私は本気で思っています。

でも、今の自分と長くお付き合いしてきていますし、現実創造というエネルギーの使い方にまだ慣れていないと、大きな変化に戸惑いを覚えることもあると思うんです。

オーダーした後、気分よくいられないな、モヤモヤすると思ったら、

「その願い、でかすぎやしない？」

と自分に問いかけてみましょう。キャパオーバーなのかもしれないな、と思ったら違和感なく、気分よくいられる設定を選ぶ、ということも大事です。

勘違い❺

自分の感覚にしっくりこないアファメーションを繰り返してない？

アファメーションは、回数より、自分の感情とマッチしているかがカギ。心に響かない文章を使ってもうまくいかないよ

主に、潜在意識の書き換えに有効とされる方法に、アファメーションというものがあります。アファメーションは、願望を宇宙に届ける宣言文といわれたり、何度も何度も繰り返しつぶやくことで、潜在意識にしみついたネガティブな思い込みをポジティブなものに上書きしていくという方法です。

アファメーションの元祖と言われる人が、アメリカのヒーラーで、ヘイハウスという自己啓発系の分野で大成功している出版社の創設者である、ルイーズ・ヘイさんです。

私もルイーズ・ヘイさんの何冊かの書籍を読んで、アファメーションを学んだので

すが、あいにくピンときませんでした。

「私はすばらしい」「私は愛されています」といった言葉、もしかしたら、今の自分だったら以前より素直に言えるかもしれないのですが、当時は、ふと我に返ると、まったく心に響いていないというか、どうにもしっくりこなかったのです。

やはり、ルイーズさんの場合も、英語が母国語ですので、日本語に直訳した時、日本人には馴染みのない言葉であったり、耳慣れていない言葉ばかりで、それを自分に言っても抵抗感や違和感が思いっきり出てしまって、ピンとこなかったのだと思います。

また、アファメーションは、「鏡の中の自分に言うとさらによい」とも、書かれています。

その場合、たとえば、「私はできる」「私は健康です」「私は大丈夫」というような言葉は、自分に対して割と言いやすいかもしれません。ただ、「私は美しい」など、容姿に関することを鏡に向かって言えるのは、そこそこ自分の容姿に自信がないと言えないのではないかと、私は思ってしまいました。

ただ、「私は美しい」と鏡に向かって言って、「プッ」と吹き出してしまうくらいだったらさほど問題ないんです。

マズイのは、アファメーションを続けることで、「そんなわけない」「私はやっぱりブサイクなんだ」と自己否定や自分責めがエスカレートしていくような場合です。

そうなってしまったら、一旦アファメーションを中止するか、これからお伝えすることを実践してみるのもひとつの手です。

☆ 逆アファメーションで潜在意識の自己否定をデトックスしちゃおう

これは荒療治ですが、「逆アファメーション」してしまうんです。

自己否定がとまらなくなってきたら、人から言われたくない言葉を、どんどん自分に投げかけてみてください。

「あなたは○○でひどいよね」「部屋は片付けられないし」「○○は下手だし、サイ

あえて逆アファメーションをしてみる

テーだよね」「○○なんてなれっこないよ」「バカだよね」など責めたいだけ責めてみるんです。

そうすると、心の奥のほうから、「そこまで言わなくてもいいじゃない！」と自分を守ろうとする肯定の声が出てきます。

潜在意識からその声が出てきたらしめたものです！

「私は○○で優しいところがあるもん」

「私は○○をこんなに頑張れてエライよ」

「私だってたくさん幸せを感じていいんだ」

というように、潜在的な心の奥深い部分で肯定的な声が出始めると、その意識をもって現実が創られ出すのです。

ですから、通常のアファメーションをして潜在的にモヤモヤしてしまうくらいなら、逆アファメーションをすることで、潜在意識を肯定的なほうに傾けてみるのもおすすめです。

☆純ちゃん流　人から言われたいことを言うアファメーション

アファメーションは、自分が言って違和感があると浸透していきません。何万回もリフレインしているのに、何も変わらない……というのは、言葉の波動が感情をともなっていない、あなたに合っていないからかもしれません。

私は、自分が自分に言うアファメーションが苦手だったので、好きな人から言われたい言葉を言ってもらったつもりになるアファメーションをよくしていました。

たとえば、「嵐の櫻井翔くんに『大好きだよ』『愛してるよ』と言われちゃった！」

キャーみたいな（笑）。

櫻井君が「純ちゃん、愛してるよ」というのを何度も脳内でイメージするわけです。その「愛してるよ」「愛してるよ」がどんどん浸透していってニヤニヤしたら大成功です。

「きれいだね」とか「スタイルいいね」とか、口に出すと恥ずかしいことは、そう言ってもらいたい人に脳内で言わせてしまいましょう！

あなたの感情が、オーダーに投影されるのですから、人から言われてうれしい言葉を自分にかけながらニヤニヤ妄想しているだけでも、宇宙にオーダーとして伝わっていきますよ。

第5章

引き寄せが加速する「黄金ルール」

黄金ルール☆幸福のサイクルを生きている人になろう

〝毎日苦しいな〟と思っていた日々からすると、今の私は真逆の人生を生きているなって思うんです。

それはきっと、波動が高くなる思考・行動を選択し続けている人を真似て、私もそれらの思考・行動を習慣化したからだと感じています。

高い波動をキープしやすくするためには、毎日「いい気分で過ごす」ということができているか、できていないか、というところが大きなウエイトを占めます。

まず、幸福のサイクルというものにしっかりと身を置いている人、自分の創りたい現実をドンピシャで引き寄せちゃうような人というのは、暮らし方や生き方に特徴があるんです。参考にしてみください。

☆ 特徴①へこたれない

幸福のサイクルを生きている人は、得たいものへの道のりの途中でへこんでしまうような出来事があっても、これは何らかのメッセージがあり、やがて自分はすばらしい現実を生きる！　と本気で思っていたりします。すぐにめげない、諦めない、そして軽やかに、が大切です。

☆ 特徴②自分がされたらうれしいことを人にしてあげる

幸福のサイクルを生きる人というのは「人のために動ける」人たちだったりもしま

す。それも下心なしで！（いや、若っ干はあるかも（笑））
「人のために」というのは大層なことではなくて、自分の後に人が歩いてきたら、ドアを開けて待っていてあげる、とか、駅でベビーカーを電車に乗せるのが大変そうなママをさっと助けるとか、ちょっとしたことなんですが、そういう優しさって、愛のエネルギーの波動を高めて循環をよくしてくれるのですね。

「愛情が欲しい、欲しい」となっている人がいますが、エネルギーの観点からいえば、自分が愛を周りに出すことのほうが先なのです。

目の前にいる、家族や同僚、スーパーの店員さんとか、身近な人を笑顔にするように、自分から笑顔で話したり、何かちょっとしたことを手伝ったり、いつもより丁寧にお礼を言ったり、そういうこともちゃんと愛を示す行為です。

先に動いて出していくからこそ、受け取る状況がつくられるのですね。

☆ 特徴③自分を丁寧に扱う

自分の周りに愛を示すこともしますが、彼らは総じて自分を大切に丁寧に扱っています。体を鍛えることも、着心地のよい服を着ることも、自分を心地よい状態に保つためです。そういう自分メンテナンスをすることはもちろん、自分が何をしたくて、何をしたくないか、明確にわかっています。

一緒にお仕事をさせていただいていると、忙しくされていても、精神的に余裕が感じられて、それはやっぱり自分のことを日々よく内観して、丁寧に扱っているからだと感じます。自分の心の声をよく聞いて、それに従っているということです。

「あー疲れた」と思ったら、外の風に当たりにいくとか、1、2分、目を閉じてみたり、無理をしすぎないことも大事です。

また、お寿司屋さんで大好物のウニをもう一貫食べたいのに、高いからやめておこう、など何かしら理由をつけて我慢してしまうことってありませんか？　追加で一貫食べても、数万円も追加されるわけでもないのに、変に自分に我慢させたりしてしまう癖がある人って多いのです。そういう小さなことでも、自分がしたいようにしてみると、エネルギーの流れが効率よくなることってあります。

彼らはそういう点でも、自分に正直だなと思います。

「その程度のこと？」と思うかもしれませんが、日々の生活の中にどれだけ豊かさや幸せを感じられるか、自分の小さなお願いを叶えてあげられるかは、すごく自分に満足感を与えてくれて波動が上がりますよ。

☆ 特徴④ヴォルテックスに入るのがめちゃうまい

幸せな成功者やお金持ちと言われる人たちは、総じてヴォルテックスに入るのが、とっても上手です！

ヴォルテックスに入る方法は本当に人それぞれで、シチュエーションも異なりますよね。

これをすれば絶対誰でもヴォルテックスにいられる、エネルギー状態が高くなる、というこれが絶対！　というやり方は存在しません。

だって、宇宙は枠組みやルールがそもそもないんです。「これをしなきゃ」というのはそもそもおかしくて、宇宙的ではないのですね。

写真を撮るのが好きな人だったら、写真を撮ればヴォルテックスに入れる。

甘いものが好きな人だったら、デザートを食べる瞬間ヴォルテックスに入れる。

旅行が好きな人だったら、旅行の計画を立てている時にヴォルテックスに入れる。

そんなふうに、自分の中にみんなそれぞれヴォルテックス・ポイントがあるのだと私は思います。

言ってしまえば、人によって「いい気分」って違うと思うのです。

ですから、自分が何をすればいい気分になるか、楽しくなるか、リラックスできるかというのをよく知っておくことが大事だと思います。

幸せのサイクルを生きている人は、自分の好きなことに対して貪欲《どんよく》ですし、仕事と同じか、それ以上に情熱を注いでいたりします。

何かのために何かを犠牲にする、ということが本当にないのですね。そして「あれもいいね」「これも楽しいよね」と、好奇心旺盛《おうせい》でチャレンジングだったりします。

自分が気持ちがいいこと、楽しいこと、好きなこと、うれしいこと、そういう「マイ・ヴォルテックス」を、手帳やモバイルに書き出しておくのもいい方法だと思います。

ちょっと気分が落ちてきたな、となったらそれを見て、直ちにヴォルテックスに飛び込みましょう！　そういうちょっとした工夫でも、波動は上がっていきますよ。

☆人によってヴォルテックスに入っている時のテンションは違って当然

創りたい現実がある時には、いい気分でいる、ワクワクするなど、いろいろな表現で〝こうするといい〟と説かれていますが、あなたの心が十分にそれを感じていればOKで、テンションやリアクションに表れていなくても関係ありません。

何が言いたいかというと、よくクールな気質の方々からご質問をいただくんです。「テンションを高く保てないと、理想の現実は創りづらいのですか？」って。

でも大切なのは、表面的なテンションやリアクションではないです。たとえば、「爆笑」といっても、タモリさんの爆笑と、明石家さんまさんの爆笑って違うと思いませんか？

タモリさんは「爆笑だな～」なんて言いながらも佇《たたず》まいはあまり崩れず冷静な感じがします。一方、さんまさんはヒーヒー言ってテーブルを叩いたり、ひっくりかえったりしそうです。あくまで個人の見解ですが、さんまさんのほうがわかりやすく誰にでも「爆笑している」と見えると思います。だからといって、さんまさんだけが爆笑しているのか？　といったらそれは違います。表面的な見え方は違っても、タモリさんなりに爆笑しているのであれば、2人ともヴォルテックスにちゃんと入っているし、波動はだいぶ上がっているはずです。

人によって平熱は違いますよね。35度の人が37度になったら「わ、熱がどんどん上がってきてる」と感じると思いますが、平熱が36度5分の人が37度になったところで「ちょっと微熱かな」程度であまり変化がないかもしれません。

その体の感覚は他人からはよくわからなくて、自分だけがわかる感覚だったりします。感情も同じで、飛び上がるほどうれしい、というのを、たとえ言葉通りに飛び上がったりしていなくても、ちゃんとあなたの内側が感じていればヴォルテックスに入っているんです。

人によってもともとのテンションは違いますから、あなたにとっての歓《よろこ》びや楽しさが内側でちゃんと感じられていればいいんだ、というところを忘れないでくださいね。

人によって
ヴォルテックスに入っている時の
テンションは違って当然

黄金ルール☆ルーティーンを変えると気分も上がる！

毎日の習慣で、「いい気分」を維持するために、私がよくやる方法はルーティーンを変えることです。人は、どうしても自分にとっての定番を繰り返しやってしまいがち。そうすると、同じ思考回路のままでいて、波動に変化が出づらいのですが、日常に変化を加えると、波動も上がりやすいのでおすすめです。

◆**いつもと違うファッションを楽しむ！**

いつもスカート派の人は、パンツを穿《は》いてみる。いつも黒を着ている人は、明るい色の服を着てみる。家にいる時でもちゃんとメイクしてみる、そういったことでも可能性は広がります。

◆いつもと違う道を使う

会社からの帰宅時、ひと駅乗り越したり、ひと駅早く降りたりして、違う道を使って家に帰ったり、散歩のルートを変えたりするだけで、「こんなところにパン屋さんがあった」「かわいいお花が咲いてる」と小さなうれしい発見がたくさんあります。そういう小さな喜びも波動をアップしてくれますよ。

◆食器を変えてみる

いつも使っている食器を新調したり、お客様用にしているものを使ってみたりすると、食事シーンが新鮮になります。食事はやはり、人が命を育《はぐく》むうえで欠かせないものですよね。その時間を楽しく演出すると、お腹の底から元気が湧いてきますよ。

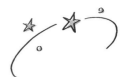

黄金ルール☆疲れたらたっぷり休む！

現実創造があるところから足踏み状態で進まなくなった、どうしたらいいですか？と質問をいただくことが何度かありました。

そして、そういう状況になる方には、「**現実創造が進まないような体の使い方**」をしていることが多いことに気づきました。

何が言いたいかというと、波動が高く、安心の波動を保ちながら、心身をおだやかでゆるい感じでいられると、現実創造もしやすいわけですから、基本的には自分自身の体も緊張がなく、継続的にリラックスしていることが大事になってきます。

自分の体が力んでいる状態では、あなたから出ていくエネルギーも緊張したものになってしまい、思考もグルグルするばかりで疲れてしまうので、しっかり休むこともしてほしいのです。

自分の体はガッチガチなのに心はワクワクしているからという理由で、動いている人ってけっこういます。

そういう時は、だいたいちょっと欲深くなっていたりします。

ここを頑張ったらお金がもっともらえるかもしれない、というふうに考えて、体はもう疲れた疲れたといっているのに、体からの黄信号にもぜんぜん気づかず、突っ走ってしまうのですね。

現実創造を無理に頑張りすぎてやしないか？　ということです。

ステップアップしていく時というのは、チャレンジが多くなるのでワクワクというより、身体感覚でいうと、ドキドキハラハラします。いい緊張感がある、という感じです。

体はガッチガチなのに
心はワクワク

集中力が増して、体はゾーンに入った状態。つまり、変な緊張感はなく高いパフォーマンスを引き出せる感じになるのです。

そうなっている時は、楽々動けますし、動けば動くほど夢が叶いやすい。流れに乗っている、という状態になります。

どうすれば、その状態になれるかというと、心も体も柔らかくあることなんです。

現代人はほとんどカチコチに固まっていますが、その原因の第一位は、休んでいないから！　ちゃんと寝ることです。

「寝る」って実はすごく大切です。それはバシャールの集団セッションを受けた時にも、バシャールが言っていました。「ご飯を食べる」とか、「働く」とか、「恋をする」とか、いろいろある中で、「寝る」ということが最も優先すべきことなのだそうです。

すべてのエネルギーの元になるのが睡眠だからです。ぐっすり眠ることができれば、それだけでエネルギーも上昇していきます。

頑張りすぎてちゃんと休んでいないと、現実創造はうまくいかないということですね。

よくダラダラした一日を過ごして、夕方くらいに後悔することってありませんか。そういう時、心や体は疲れていて休みたかったんではないかな、と思うのです。その証拠に、翌日すごく元気に会社に出勤できたり、仕事がはかどったり、ということないですか？

引き寄せの法則では、常にワクワクしてエネルギッシュで行動的でいるべし！　みたいなところがあります。行動していくことは確かに現実創造を加速してくれますが、行動はよい休息をしてエネルギーチャージができているからこそできるのです。なので、「何もしない一日」というのがあってもぜんぜんＯＫです。

体を酷使してまで動かないこと。休むことで加速することもあるということは覚えておいてください。

黄金ルール☆「労《ねぎら》いの言葉」をかけてから寝る

嫌なことがあったり、ちょっと不安なことがあったり、なんでこんなことが起きたんだと思うようなことがあると、それにとらわれてしまったまま、ベッドに入って寝てしまうことはありませんか？

嫌なことがあっても、ちゃんと今日一日を無事に過ごせたことに対して、自分に「おつかれさま」と声をかけてから休むようにすると、内側の自分に対して、「ちゃんと存在を認めているよ」というサインになりますし、嫌な感情自体をもち越さずに翌朝を迎えられます。

逆にうれしいことがあった時も、宇宙に対して「ありがとうございます」と報告してから休んだり、自分に「ありがとう。よく頑張ったね」と言ってあげると、ものすごくぐっすりよく眠れたりします。

寝ている間というのは、私たちの魂は、宇宙に帰っているのですが、その間に、いろいろな人と魂同士、ご先祖様や高次元の存在も一緒になって、会議が行われていたりするそうなのです。それで、今後誰と誰が出会うとか、決めているとも言われています。

でも眠りが浅いと宇宙に戻っている時間が少なかったりして会議にも全部参加できなかったりします。ですから、よい睡眠を心がけてみるというのは、健康のためはもちろん、よりよい現実創造をするためにも必要なことなんです。

寝る前に自分に労いの言葉をかけると、自分の内側は落ち着いてきますから、睡眠の導入のためにもとても効果的です。

また、夢は、まだ解明されていないことが多いと言われますが、私は覚えている夢の断片をノートに書き出していたことがあります。

そうすると、その中に、今自分が悩んでいることのアドバイスを見つけたり、現実で似たような現象が起こったり、ということがあったりします。

私は夢には、宇宙や高次元の存在からのメッセージが含まれていると考えていて、宇宙とつながりたい、ご先祖様を近くに感じたいと思う方は、夢日記みたいなものをつけてみるのもおすすめです。

黄金ルール☆エネルギーを断捨離《だんしゃり》する

☆ 下着の全とっかえ

私はかなりズボラな人間でして、以前は下着はけっこうパンツの紐《ひも》が伸びきっちゃうくらいまで穿いていました。ハイ（笑）。

一昔前に流行《はや》った、干物女子。アレに見事にハマるタイプです。「愛する男性に大切にされて結婚したいな」と思っていた時も、下着なんて誰が見るわけじゃなし、ゴムがビロビロでも気にしない、という感じだったのです（笑）。

そんな私の思考にメスを入れてくれたのが、あの叶姉妹でした。私は、叶姉妹が大好きなんです。彼女たちが、何かの雑誌か本で「下着は1回着けたらもう使わない」と言っていたのです。

それを聞いて、もうエライ衝撃を受けました。

どのような主旨でお2人がそのようにしているかは忘れてしまったのですが、そこまで自分を高貴に扱っていることに衝撃を受けたのです。

反して私は、年季が入った下着を使い続け、自分をお姫様として扱うどころか親父《おやじ》扱いしていたことに気づき、「これは改善せねば!」と、お2人が着ているようなドレスを着ることはできなくても、きれいな下着を着ける、というところは、真似しやすいなと思って、ビロビロパンツやブラを全部捨てて、真新しい下着を着けるということに努めてみたのです。

そうしたら、やっぱりすごく気持ちがいいのです。自分の閉じていた女性の部分がパッカーンと目ざめてくるといいますか、真綿でくるまれて大事にされているような柔らかな気持ちになったり、これまで感じたことがなかったような甘美な心地よさに酔いしれました。

下着は、肌にいちばん近い衣類ですから、エネルギーとして与える影響も大きいように感じます。

その時、気づいたのは男性に大切にされたいと願いながら、自分をちっとも大切にしていなかったこと。女王様のような叶姉妹に憧れながらも、私は自分をお姫様扱いしたことがなかったなと気づいたのです。

やっぱり自分自身が、誰かから愛されたい、愛されて結婚したいと思うなら、まず自分自身が自分をそのように愛《め》でてあげる。それができると、その投影として、パートナーが現れたり、周りからも大切に扱われるようになるのです。

神道の考え方でも、自分の内側には神様（内在神）がいらっしゃるといいます。私たちはひとりひとりが神様とともにあるわけです。それなのに、ぼろぼろの下着を着けてご一緒していたなんて……。とても反省したのですね。

自分をお姫様扱いするということに努めるようになってから、レストランなどでいい席に通されたり、大切にされる機会が本当に増えました。その延長に、旦那さんとの出会いもありました。

ですからね、冗談抜きで、自分の内在神、神様にふさわしいパンツを穿かせてあげてください。奥さんは、旦那さんの下着、チェックして、旦那さんの中の神様が喜ぶパンツを揃えてあげてください。自分は姫扱い、旦那さんは殿扱いです。

こういうことがきっかけで、波動がガラリと変わって歯車がかみ合いだし、現実がメキメキ変わることもありますよ。

☆ 靴はきれいにしておく

世間で成功者、富豪といわれるような方たちと、ご一緒する機会も最近は増えてきています。私のビジネスが軌道に乗り始めた頃のことですが、その人たちが私がボロボロのスニーカーをよく履いているのを見て教えてくださったことがあります。

「純ちゃんね、君はある程度ビジネスで結果を出してるんだから靴はもうほんと気をつけなさいよ。靴っていうのは自分をさまざまな場所に運んでいってくれるものでしょう。ちょっと高いなと思うくらいの金額のものに手を伸ばしてみるのが大切だよ」

と。それですごく納得しました。

私自身はもともと３９８０円以上の靴は買ったことがないような人で、大分ドケチなところがあったんです。できることなら１０００円以下の靴がいいくらいに思っていましたし（笑）、３９８０円でも勇気を出して買ってたような人なのです。

でもそれからは、４９８０円→５９８０円→７９８０円と少しずつランクアップをさせながら、今ではちゃんとした靴を用意して履いています。また、安かろうが高かろうが、疲れてきちゃったなと感じたら、その靴にたくさん感謝の思いを伝えて、新たな靴を手に入れるということをするようにしています。

実際こういうことをするようになってから自分で行く場所も、お呼ばれする場所も、ランクアップした感覚があります。

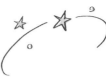

黄金ルール☆運気が上がる髪の扱い方

いろいろ波動を上げる実験をする中で、私個人としては、髪の毛は、できれば1か月に1回は1センチでも数ミリでもいいから切ってみると、波動が高まって、重たいエネルギーが抜けやすいと感じています。

髪に願掛けをして、願望が叶うまで切らない、というような風習もあるので、髪はいじらないほうが落ち着くという人はそれでかまいません。

古来、日本では髪は生命力の象徴とされてきましたよね。食べたものが代謝されていちばん最後にできるのが髪や爪だから、そういう末端がきれいなのは、全身の栄養状態がいいというような見方ですね。

また、髪には霊力が宿るというのもよく言われていて、ご神体が女性の長い黒髪という神社もあったりするので、とても不思議なエネルギーな気もしています。

仏教でも髪には念がつきやすいとされていて、だからお坊さんはみんな剃髪《ていはつ》するのですね。

そういう言い伝えや習わしを抜きにしても、伸び放題の髪の扱いにくさを考えたら、髪は気を吸いやすいのは確かです。


私自身は小まめに切ったり、お手入れをしてツヤを出すようにしてからのほうが、格段にエネルギー循環がよくなったことは事実なので、ピンときた方は髪の扱い方も気をつけてみてください。

髪のお手入れで
運気アップ

第6章

宇宙理論で大きなお金がずっと入ってくるようになる

純ちゃん流　お金を得るための意識の置き方

お金や豊かさの現実創造は難しいと思っている方はとても多いものです。私もニートでしたし、貯金が底をついて大変な時は、一体どうやってお金が入ってくるか悩んでいたので、よくわかります。

でも、コツをつかむまでが大変なだけで、コツさえつかんでしまえば、〝お金〟というエネルギーは、最も引き寄せやすいエネルギーだと、個人的には感じています。

まず、この世にあるエネルギーは、近しい波動のもの同士が引き寄せ合います。〝お金〟も例外ではありません。それであれば、〝自分〟が〝お金〟と近しい波動を発してさえいれば、〝お金〟は常にたくさん〝自分〟に入ってきて自然なんです。

また、〝愛しているよ〞〝大好きだよ〞と伝えられたら私たち人間もうれしいのと一緒で、どのエネルギーも〝愛しているよ〞〝大好きだよ〞と伝えてくれる人の側に集まってくるのです。

☆お金はワンちゃんなんです！

私は、お金はワンちゃんと同じだとお伝えすることがあります。ワンちゃん、ネコちゃん、ウサちゃん、ハムちゃん、どの子もオッケーなのですが、自分の大好きなペットだと思ってみてくださいということです。まあだまされたと思って（笑）。

感覚としてわかってほしいのですが、ペットの飼い主さんというのは、溺愛《できあい》しているペットが、その場でおしっこしても、走り回って障子を破っても、「あらあら」とか言いながら、やっぱり大好き、かわいいって思っていたりするものです。

あなたもお金をそれと同じように思ってみてほしいんです。

何らかの困ったことが起こっても、「大好きだよ」「かわいいね」と言っていると、

動物たちは自分の元にしっぽを振ってやって来ます。

動物は、嫌いな人のところには寄っていかない、嫌いな人のことがわかる、などと言いますよね。お金もそうなんです。お金が嫌いって言ってる人のところには、決して集まっていかないんです。

わずかなお金だとしてもね、「わあ来てくれた」「うれしい」「ありがとう」「大好き」と接していると、お金はいつでもあなたと一緒にいたいな、もし支払いに使われても、またすぐ戻ってきたい、って思うんです。ペットが優しい飼い主のことを一生忘れないように。

ただただ純粋に「好きだよ」「君が必要だよ」って自分の気持ちをお金に対してオープンにしておくことです。そうすると、喜んで、なんなら友達を連れて帰ってきてくれるのです。

☆お金は扱う人の意識が出やすい

私は、世の中にある物質の中でお金がいちばん波動が高いエネルギー体だと思っています。

とにかくピュアなんですね。とても純粋できれいなエネルギーをしています。逆にいうと、純粋で透明な分、扱う人の意識が入りやすいのです。

ネガティブにもポジティブにもなるし、奪い奪われという対象にもなるし、「欲の塊」という対象になったりもする。

また、「あの人はお金をもったとたん、人が変わった」などと見聞きすることがありますが、それは「人」に問題が起きているだけで、「お金」が悪いわけではないんです。

ですから本来は、とてもきれいで動物のようにピュアだから、そのように接してあげれば喜んで駆け寄ってきます。

実は、その気になれば、パートナーとか健康といった願いより、いちばん現実化しやすく、自分の元に来てもらいやすいのがお金だったりもします。

日本は「お金が大好きです」とか「もっと稼ぎたい」みたいなことを言うと、はしたないという風潮がありますよね。学校でお金の教育を受けることもないし、当然学校の先生も「お金持ちを目指そう」などとは言わないです。

以前、クライアントさんでお金の悪口をとても言う方がいました。その方は、お父さんの経営していた会社が倒産してしまって、家族がものすごくお金で苦労して、みじめな思いをした、と言います。家族崩壊の原因になったのはお金のせいだとお金を激しく憎悪していたのです。

その気持ちもわかります。一家離散してとても傷ついてしまったのだと思います。でも、お金の立場になってみると、あまりにひどい暴言を吐くので、私はお金がかわいそうになりすぎて泣いてしまったくらいです（笑）。

お金は人格もなく、恨もうが、好きになろうが、関係ないと思う人もいるかもしれませんが、私自身は、人間と同様の感情はもっていないとしても、「波動である」という点で私たちと同じですし、共鳴し合うところに集まってくると考えています。

お金があることで、生まれてから私たちはどれほど豊かさを享受できてきたでしょう。どれほど喜びや楽しみを与えてくれてきたでしょう。それを考えたら、感謝こそすれ、とても悪く言う気持ちにはなれません。

そもそもみんな、お金に「好き」って言ったら、「嫌いだよ、お前なんて」と拒否されやしないか、怖いのかもしれません。自分は金運がないとか、お金に縁遠いとか思っている人は、「お金が好き」って言いづらいようです。

でも、自分のことを「好き！」って言ってくれる人がいたら、嫌われるよりうれしいですよね。

お金からしてみると、「この人僕たちをどう思っているのかな。もしかしたら嫌われているかもしれない」と思っているかもしれませんよ。お金もあなたのところに行くのに不安なのかもしれないのです。

だから、まずは自分から「大好きだよ」と意思表示をすることです。

貯金通帳を見ながら言ってもいいし、お買い物で支払う時に、ありがとう、またすぐ戻ってきてね、と送り出してあげるなど、やり方は自由です。

こちらが「大好きだよ」と、教えてあげると、お金は安心してやってくるようになります。

純ちゃん流　お金を際限なく受け取る許可と妄想

私は、お金に関して宇宙にオーダーする時は、具体的な数字のオーダーはほとんどせず基本的にはひたすら妄想、ビジュアライゼーションで現実創造してきました。

まず、「際限なく受け取っていい」というような許可の言葉かけをして、受け取れる枠を自分の中で広げていき、「際限なく受け取れる状態だとしたら、どんな生活をしているか？」と妄想することを重要視していました。

お金というのは、自分がしたいことや欲しいものを手に入れるツールだと考えているので、お金そのものに囲まれているようなイメージよりも、たとえば海外のリゾートを巡ってビーチで気持ちよくなっている自分や、高層マンションに暮らしている自分、特売の焼肉弁当じゃなくて叙々苑《じょじょえん》の焼肉弁当が普通な自分、というように、「そのお金を得たら何をしたいか」「どんな暮らしぶりか」というのをニヤニヤ想像していたのです。

しつこいですが、本当に妄想、ビジュアライゼーションのパワーはすごいのです。最近、私のYouTubeや教材を参考に現実創造をしてくれた専業主婦の方で、なんと1億円引き寄せました！　と報告してくれた方がいます。その方は、すごくヴォルテックスに入る時間を増やしていたそうです。

メソッドによっては、欲しい金額を具体的にすればするほどいい、といわれるものもあります。

たとえば、ナポレオン・ヒルは、「年収1億円」など数字をクリアにしてそれをモチベーションにしたほうがいい、とも記しています。

確かに、数字がはっきりしているほうがやる気が出るという人もいます。

一方、数字があると焦ってしまう人もいます。どうしよう、なんとかしなくちゃ、と義務感が生まれてしまうのですね。そうすると、楽しさや安心からはまたかけ離れて波動が乱れてしまうのです。そういう方には、具体的な数字よりも、どんな生活をしているかなど、生活ぶりをイメージするほうがしっくりくるかもしれません。

☆お金のブロックがあっても私が稼げていたのはなぜか？

「お金のブロック」に悩んでいる方もとても多いですよね。でも私は、お金のブロックがあったまま、起業もしましたし、収入も上げることができました。なぜそうすることができたか、後から振り返って考えてみたところ、潜在意識の特徴をうまく利用していたことがわかりました。

潜在意識は、主語や目的語を理解しないので、たとえば「お金がない」も「時間がない」も「愛情がない」も全部一緒に捉えてしまいます。つまり、現実で「ない、ない、ない」の不足の状態を見せてくれるようになるのですね。

その視点で考えると、ブロックを解消することに注力することよりも、不足に意識を向けず、「ある」という想像を続けることで、ブロックを飛び越えて、お金の流れを引き寄せることが私はできたのだと感じています。

ブロックがあろうとなかろうと関係ないというか、「ブロックをなんとかしなくちゃ」と思いながら長時間を過ごすより、「創りたい現実」にたくさん意識を向けていくほうが楽しく現実創造もできると感じています。

また、私のブロックは、貯金が底をついて「ヤバイ」という状況になったこと以外にも、お金持ちに対しての嫌悪感というものがありました。

お金持ちを見るとイラッとするという、器の小さな人間だったのです……。それで、よく知りもしないのにお金持ちに対して、「楽して儲《もう》けやがって」「人間はお金じゃない」「お金がなくても幸せになれる」などと言っていたのですが、自分を内観してみると、結局、「すごーくうらやましい」のです。本音はうらやましくてうらやましくてしょうがなかったのです。

また、営業の仕事をしていたこともあって、数字を上げることができる、たくさん稼げる人は人間として価値がある人、エライ人、という見方ももっていました。潜在的に、「お金持ちのほうが人として上」、みたいな歪んだ見方をしていたのだと思います。

ただ、宇宙理論からしたら、「うらやましがる」「人を上下で見る」「勝ち負けでジャッジする」みたいなことをしていると、そういう歪んだ波動域に自分がいることになるから、いつまでたっても自分にとってマイナスの現象を見ることになります。

ですから、過去の私のように、お金持ちの方に対して歪んだ見方をしてしまいがちな方々は、まずは、「自分も幸せなお金持ちになりたい」という願望を素直に認めることから始めてみてください。そこを認め、ただただ〝お金持ちになる〟と決め、純粋に〝お金がある想像〟〝陽気な想像〟をしていると、不思議とプラスの現象を見られるようになりますよ。

☆ あなたのお金の常識が、間違っているだけかも!?

また、私もそうだったのですが、自分の「お金に対する常識」が、実は間違っているということがけっこうあります。そこに、気づいただけで、開かずの扉が開いて、豊かさがなだれ込んでくることもあります。

例を挙げてみると、

「お金がなくても幸せ」

「楽して稼ぐことはいけない（稼げるわけない）」

「お金持ちは汚いことをして稼いでいる悪い人が多い」

「お金持ちになったら、周りの人から僻まれてひどい目にあうんじゃないか」

「お金持ちになる人は、特別な人、才能がある人なんだ。私はない……」


こういう感じです。どうでしょうか？　もしこういう考えをもっているなと思ったら、「それって本当？」と自分に聞いてみてください。そんなこともないなあ、って気づけることがあると思いますよ。

「そんなこともない」という視点をもてただけで、お金というエネルギーは循環しやすくなります。

私の YouTube などを見て、「純ちゃんだからできたんだ」「純ちゃんは才能があるから成功したんだ」と言っていただくことがあるのですが、ほんっとーーに私は特別ではありません！　私も過去に、成功している方を見て同じような感情を抱いたのでそう思う気持ちはよくわかります。

でも、「はじめに」に書きましたが、30年余り、けっこう現実レベルで過酷で悲惨な体験をしてきていると思います。自分でもよく立ち直ったと思います……。

それもこれも、宇宙理論を信頼してきたから。ただそれだけなのですね。

宇宙理論は平等に働いていて、無限の豊かさを私たちに注いでいます。私だけ、あなただけ、ってことはありません。みんな一緒に豊かになっていきましょう！

☆有料な情報と無料の情報の違い「エネルギーの循環の法則」

エネルギーというものは「出したら入ってくる」という循環を繰り返しています。

「お金」はもちろんのこと、愛情や情報といったすべてのエネルギーは、先に出さないと入ってこないのです。

すべてのものは、循環を繰り返すことで「循環ポイント」であるあなたのところで成長、拡大を続けます。

たとえば、あなたは食事をしますよね。食べ物や飲み物というエネルギーは、出さないと食べられないし、出さずに溜《た》め込んだら病気になっちゃうかもしれない。

その循環があることで、人間は健《すこ》やかに生きられて、あらゆる体験をし、成長、拡大をするわけです。


そう考えると、先出しをしない「無料のもの」って本当に自分が成長できるのか、疑問が出てきます。

無料で何かをもらえると、うれしい、って当然感じると思いますし、もちろん、誕生日プレゼントなどの人様からの好意は、そりゃあもうありがたく、めちゃ喜んで受け取ってしかるべきものですが、私は以前、何かを学びたいと思う時、無料で得られる情報だけでなんとかしようとしていた時がありました。でも、そうすると、現実創造のスピードが遅いなと感じたことがあったんです。

私自身、YouTubeなど無料の情報発信もしている人間なのでこう言うのもなんですが、自分が個人起業を考えていた時、有料のコンテンツと無料のコンテンツ、どっちが自分の役に立ったかというと、圧倒的に有料コンテンツでした。

必ずと言っていいほど自分が払った額以上のものが受け取れました。


その要因は、そこにも「エネルギーの循環の法則」が働いていたからです。


今の時代、だいたいのことはネットで無料で探せたりするものです。

ただ、同じような情報を受け取っていたとしても、自分がお金を出しているかいないかで、そのエネルギーは変わってしまいます。


わかりやすく言うと、「お金を出した以上、ちゃんと学ぼう」って思いますよね。

それほど真剣になるし、その情報との向き合い方がまったく変わってしまうのです。

「お金払ったんだからもっと情報取ってやろう」みたいにがめつくなってしまうと、波動が歪んでしまいますが、純粋に「お金を払って学びたいほど、自分は幸せになりたいんだな」「よし、これに沿ってやっていけば成功するぞ」という前向きな強い気持ちになれるから、無料のコンテンツより有料のコンテンツのほうが、身になることがほとんどなのです。

ですから、自分が本当に必要だと思ったものには、気持ちよく、または、勇気をもって、お金を循環させていくという意識をもつと、あなたのお金の流れは今以上によくなるでしょう。

☆循環がとまらない!「お金＝自分のもの」と思わないこと

今となっては、私は入ってくるお金や貯金通帳にあるお金に対して「自分のもの」という意識がほとんどありません。

私はじょじょに、自分のもとに留めておこうという考え方をしなくなってきました。

「所有」というのは、やはり守ろうという意識を働かせます。そして、「失うのが怖い」「減らしたくない」といった執着を生み出してしまうので、波動が低くなってしまうのですね。
ですから、自分のものとは思わず、あくまで私は通過点で、お金を循環させること、つまりお金は出ても入ってくる、という宇宙理論を信頼しています。実際、そのほうがお金の流れはダイナミックなんです。

ですから、ピンときたら、けっこうな額でも、ズバッと払います。

地球で大きくお金というエネルギーを放出する、要はお金をたくさん使うと、その分エネルギーの空スペースができるから、宇宙としては新たなエネルギーを入れやすくなるようで、結局は出した額の何倍にもなって入ってくるため、プラスになります。
ちなみに豊かさは、お金という形だけではなくて、新たな活躍の場が与えられたり、普通では考えられないようなところに行けたり、素敵なご縁があったり、という別の形で届けられることもあります。

「お金＝自分のもの」と思わない

第7章

宇宙理論で望み通りのパートナーを創造する

恋愛下手でもパートナーシップに恵まれるコツ

基本的には、パートナーシップがうまくいかない場合も、お金と同様で、不足に目がいっていて、枯渇している人が多いです。

私自身も昔から恋愛に、すごく苦手意識がありました。

30歳前後くらいまで、「私は男なんていなくて平気」「いるとかえってめんどう」「彼とかいなくても、十分充実しているし」「結婚なんかしなくてもへっちゃら」、と虚勢を張っていたのです。

見た目のコンプレックスや、声が低いことへのコンプレックスとかもあって、自分の中の女性らしさを出せない、ある意味、女性である自分を認めないで責めていた部分もありました。

だから、男性から愛されるなんて無理なんだろうなと、ずっとどこかで思っていました。


でも自分の本心としては、自分が大好きになった人からすごく愛されたいという願望はあって、「自分は無理」という想《おも》い半分、「愛されて結婚したい」という想い半分という感じで、妄想をするのですが、その中途半端な感じでは、理想通りには現実化しませんでした。

自分が中途半端な意識をもってしまっていたからこそ、不倫関係だったり、セカンドだったり、「不足」を抱えたままの恋愛をしてしまうようなことが続きました（宇宙理論として、その状況が〝悪い〟わけではないのですが、私自身が疲弊してしまった感じです）。

このままでは、本当にこの現実がただ長引くだけだな、本気で切り替えなきゃと思っていた時にしたことが、**すでに自分の理想を具現化している人の元に行く**、ということです。

私がよく行っていたのが、すごく仲のいいご夫婦が切り盛りしている居酒屋さんでした。

そのカウンターにひとりで飲みに行って、その夫婦の波動を全身で感じてくるんですね。お店であっても、そのお2人はちょろっと喧嘩《けんか》っぽくなることもあるんですけど、息が合っていて、目をしっかり見て話していて、笑顔が多くて、旦那さんが奥さんを大切にしている感じが、ちょっとした会話の端々に感じられるんです。

そういうご夫婦の在り方がいいなあと思って、もし自分がステキな彼とこんなふうにお店をやるとしたらどんなかな〜と想像していました。

また、セミナーなどに行って、「うちは旦那と仲よくてね」とか言っている女性がいたら、その人のお話をたくさん聞きながら、その波動を自分に浸透させて、「こういう家庭を創れたら」と想像をたくさましくしていたんです。

すでに理想を具現化している人の元に行く

このように、早めに現実を切り替えたい時や、自分がなかなか想像ができない時には、自分自身が創りたい現実をすでに持っている人の元に行って、波動を浴びてしまうのもかなり現実化を早めてくれるのでおすすめです。

ビジネスでも、同じです。自分がこうなりたいな、というポジションにいる方、成功されている方のところに行って、直接話をしたりできると、その立場が自分の中でものすごく具現化しやすくなるということは知っておいてください。

☆とことん相手に執着してみるのも手

恋愛の場面では、執着というものがよく起こります。

彼のことが気になって仕方がない、ＬＩＮＥの返事がこない!!　浮気してるんじゃないの??　と、あってほしくない想像が次々出てきてしまうような感じです。

「どうしてもっと大切にしてくれないの」など、執着の入った重たいエネルギーを宇宙に送り続けていると、以前にせっかくラブラブな想像をしていたとしても、その重たい意識で上書きされてラブラブオーダーが取り消されてしまいます。

だから、できるだけ軽いエネルギーでいたほうがいいのですね。

とはいえ、相手のことが大好きで執着が起きるわけですから、どうしても考えてしまう気持ちもわかります。

そして「執着」してしまう自分に疲れてしまい、自己否定をしてしまい、自己嫌悪に陥ってしまうこともあるかと思います。

そんな時には、これから伝えるお話も覚えておいてください。

もう考えたいだけ何時間でも、何日でも、彼のことを考えまくってください！

好きなだけ執着しまくりです（笑）。

あなたがどんなに好きでも執着しすぎると、人間の体の仕組みとして、絶対に「飽き」がくるんです。

ひとつの感情のみを感じ、生きることは、人間の体の仕組みとしてできません。ですから、「飽き」が自然と湧き上がるまで、彼のことを考えまくってみてください。

不思議なことに、ふっと飽きがきて、突然気分が軽くなっていくので面白いですよ。

「執着し切る」というか、どん底まで感情を感じ切ると、その後、それ以上、下がるような出来事も起きにくくなってきます。

また、執着している自分を突然客観的に見ることも起きたりするので、気持ちが落ち切る前に、切り替えをできるようにもなるのです。

私の経験では、たいがい執着でどん底にいた時は、たくさん泣いたりもしました。

私は本当に、苦しい恋愛をしてよく泣いていましたが、その度にわんわん泣くと、不思議と気持ちがスッキリして、なんなら執着していた相手にすらスッキリとお別れができたりもしました（笑）。

私は泣くことは、潜在意識のお掃除だと思っています。それでまた前を向けるようになるからです。涙をこらえて無理に笑顔をつくるようなことをしても、潜在意識（本音）と顕在意識のギャップに苦しんで、結局うまくいきません。辛い、苦しい時には、思いっきり泣くことも、とっても大切なことだと感じています。

純ちゃん流　人間関係に恵まれる波動で生きるコツ

これから、二極化が進んでいくと、世の中では言われているわけですが、そうなると生き方を変えて、新しい出会いや学びを始める方も増えると思います。自分のステージが変わる時というのは、お試しのようにいろいろな人と離れたり、新たなご縁ができる時期でもあります。

☆違和感に忠実になってみる

たとえば、この本を読んでいる方は、スピリチュアルがお好きな方が多いかもしれ

ません。

今の自分の居場所とは違う新しいステージに行きたいとオーダーを出していたりすると、「コンサルティングを受けませんか」「講座に来ませんか」というようなお誘いや、新たな出会いがあって、「そのセミナーで勉強すれば月収100万円になるよ」とアドバイスをくれる人が現れたりするかもしれません。

そういう時、それに伸《の》るか、反《そ》るかは、自分の肌で感じる違和感で見分けていくのがいちばんだと思います。

とてもいいことをおっしゃったり、納

得できる内容の話をする相手だとしても、何となくこの人苦手かも、何か違う気がする、と思ったらその肌感覚を信じてください。そこで左脳的に考えて、「この人と仲よくなっていたほうが得だな」とか思って行動すると痛い目を見るようなこともあります。

そうなりがちな人というのは、違和感をちゃんと感じながらも自分の欲だったり、相手の低くて強い波動に負けてしまっているんです。

「やっぱりやらなければよかった。失敗した」という経験が多い人は、自分の違和感に忠実になってみることをおすすめします。

☆コントロールの強い人にご用心

また、ここでもひとつ注意喚起をしておくと、〝コントロールしてくる方〟からは離れたほうが、ご自身のためかと思います。

「あれダメ」「これダメ」「こうすべき」「ああすべき」という感じで、〝あなたの人生〟なのに自分の考えの通りに動かそうとする方からは、なる早で離れてください。

一見親切そうな人に思えるかもしれませんが、アドバイスにちょっと圧を感じたり、あなたが無理に合わせるような雰囲気があったら、自分の違和感を大事にしてください。

〝あなたの人生〟をコントロールしていいのは、あなただけ。

〝あなたの人生〟のハンドルを握り、歩む道のりを決められるのは、あなただけなんです。ですから、違和感を感じた時には、スッと離れることは、大切な行動になります。

☆ 人間関係のモヤモヤは塩で解消

自分自身が「変わりたい」「変わるぞ」と決めると、自分がこれまで生きてきた波動域から別次元に移動します。

すると、これまで一緒にいた人たちと離れることも起こりえるのですが、長く一緒にいた人たちのエネルギーが、あなたを引っ張って離してくれないようなことが起こることがあります（その人たちに悪気はないことがほぼですし、別に「悪い」わけでもないです）。

そういう人たちの存在には、これまでの感謝をしながら、自分の波動を強くして自分が行きたい方向へ集中してほしいと思います。

引きとめられたり、辞めにくいなと思ったり、サッパリきれいに前に進めないないなと思ったら、しばらく夜は塩風呂に浸かるのがおすすめです。

塩は天然塩だったら何でもOKです。塩ひとつかみをバスタブに入れて、できれば頭の上に盛り塩して、モヤモヤや、重たいエネルギーがデトックスされていくイメージをしてみてください。

コップ1杯の水にひとつまみ塩を入れて、うがいをするのもおすすめです。

塩はご神事にも使われますし、古来日本では清めの代表的なアイテムですよね。ものや場を清めるだけではなく、日頃から自分に使ってあげると、モヤモヤが解消されて、物事が進み出したり、お守りにもなるのでおすすめです。

☆自分らしさを輝かせて生きる。いい人ぶるのは時々お休み

「はじめに」で、これからは「個」を輝かせていく時代です、とお伝えしました。

しかし、協調性を重んじる日本社会においては、まだまだ「足並みを揃《そろ》える」とか、「空気を読む」といったことが重要視されているように思います。

もちろんギスギスしているより和やかな関係性のほうがいいですし、相手に対する気遣いができることはすばらしいと思います。

ただ、周りに迷惑をかけない程度に、これからは「自分を出す」ことをしていってもいいのではないかな、と思います。

「自分はこういう人です！」と、あなたの「個」を解放していくと、波動も強くなっ

て現実創造も格段に進んでいきます。

また、ひとつお伝えしておきたいのは、いわゆる〝いい人〟をやめて、本心・本音で生きることができると、思いの外、人間関係がうまく回りだすこともある、ということです。

日本ほど、本音と建て前が浸透している国はありませんよね。

本当は違うと思っていても、表向きは周りに合わせないといけない、言うとめんどうくさいことになる、だから黙る、というような状況、多くありませんか？

宇宙から見たら、本音をオーダーとし

て見るので、腹の底で感じていることが現実化するため、ニコッとつくり笑いしながらも、腹の底ではいつも「あっかんべー」していたら、「あっかんべー」とし合うような人間関係がいつまでも現実化されてしまうわけです。それって嫌ですよね……。

「そんなこと言ったって、仕事で嫌いな人と付き合わなくちゃいけないの！」と思うかもしれません。

それでも、それ以上人間関係をこじらせないために、謙虚に図々しく、本音でお話しすることも心掛けてみてほしいです。

そして、その日を本心・本音で生き、頑張って過ごした自分を労う思いをもって、自分が満たされることをたくさんしてみてください。おいしいものを食べるとか、お風呂にゆっくり入るといったことをして、自分を丁寧に扱ってあげてください。

そうやって〝自分〟が〝自分〟を満たしてあげると、その投影として〝自分〟が満たされる人間関係が不思議とつくられます。

また、仕事というのは笑顔で、親切な応対を求められる状況が多いと思いますが、体が疲れていたり、自分が辛いなと感じている時には、無理に笑おうとはせず、心身に寄り添って、ホッとひと息休んであげてください。

あなたの笑顔や心遣いに救われている人はたくさんいると思います。人を幸せにするのは、とても尊いことです。でも無理だけはしないでくださいね。

つくり笑いをずっとしようとしてしまう癖はリセットしてみてほしいです。

おわりに

最後までお読みくださりありがとうございます。

今回の新型コロナウイルスによる世界的なパンデミックや、日本にたびたび起きている、災害・震災によって、多く方の命が奪われていることは、あなたもご存じだと思います。

スピリチュアルの考え方では、人が亡くなるタイミングというのは自分が決めているんだという考え方があるのですが、もう一方で、肉体の視点から見ると、生きたくても生きられなかった方がたくさんいらっしゃったというのも事実です。

その視点から考えると、残された私たちひとりひとりがどのような毎日を生きるのか。今とっても大切な時だと感じています。

幼くして亡くなった方、志半ばで亡くなった方、いろいろな方が、お空に戻っていったというのは、神道的な考え方では、神様の元に帰って、自分も神様になるということで悲しいことではないという考え方もあるのですが、「ふいに命を奪われてしまった」という視点から見たら、無念があったのではないかと感じるんです。

そうやって考えると、今生きていることができている私たちが不足や不満に目を向けて人生を適当に生きている場合ではないんじゃないかと思えてならないのですね。

そういう方たちもいるということを理解して、自分の日々の幸せを感じながら生きることは、とても大切なことだと思っています。

だからこそ、ささやかなことであっても幸せを感じられる人を私は増やしていきたいし、私もそういう人間でありたいと思っています。

ひとりでも多くの方が、宇宙理論を通して「幸せに生きることの重要性」を知っていただけたらうれしいです。

吉岡純子

吉岡純子
（よしおか・じゅんこ）


数年前まで健康・お金・恋愛などがすべてうまくいかない、苦しいニート時代を過ごしていたが、以前から大好きだった「宇宙の法則」や宇宙存在の知識を駆使し、「地球のルール」に則って起業。

当時は貯金が底を尽いていたため、借金をしながらの起業となったが、初年度の年商が3000万円という結果を出し、順調な滑り出しで起業人生をスタートさせる。

翌年には、年商が億を超え、現在も年商・年収は右肩上がり、令和の元日には、愛する男性と結婚し、現在幸せな毎日を送っている。

個人起業をしてからは、常に“順風満帆”“うらやましい”と周囲から言われ続けてきたが、今に至るまでの人生は、苦労続きの波乱万丈な日々だった。

自身が小学3年生の時、見知らぬ男性から性的虐待を受け、その後摂食障害、うつを経験。20歳前後で精神科の入退院を繰り返した。

さらに、20代半ばで45メートル車に引きずられる交通事故を経験。数年後には、心臓病を発症し、“余命1週間”の宣告を受けたが、奇跡的に生き延び、その後数年間のニート生活を送る。

不幸続きの人生に嫌気がさし、「なんとか幸せになりたい」という思いのもと、宇宙理論、引き寄せの法則、心理学、量子力学、スピリチュアル、医学等々を学び、各種資格、ワークを取得。そこから一念発起し、個人起業、現在に至る。

過去の自分のように、“辛くて不幸”だと感じてしまっている方に、「どんなに不幸と感じる人生や現実、毎日でも、宇宙理論をもとに創り変えることができる」ことを伝えるための活動を行っている。


著書として『ご縁がつながり運がひらける　日本の神さま大全』（フォレスト出版）を刊行、ロングセラーとなっているほか、同書をもとにした「日本の神さまカレンダー」（トライエックス）を2020年、2021年と監修。また、大人気DVD教材『引き寄せの源流 エイブラハムの教え2』（講師　エスター・ヒックス／フォレスト出版）の監修にも携わっている。

現在は、自身が実践して結果が出た「宇宙理論」を伝えるべく、YouTubeを中心に情報発信をしながら、さまざまなビジネスを展開している。

〈YouTubeチャンネル〉
【魔法使いの学校】吉岡純子 Jun-tube
https://www.youtube.com/channel/UCGX0i593ciGvM-6hY3yg0Dg/featured

編集協力／林美穂
ブックデザイン／山田知子（chichols）
イラスト／キリ
DTP／山口良二

日本人こそ、
宇宙にお願いすればいい。

2020年9月4日　初版発行
2022年4月9日　5版発行

著者　吉岡純子
発行者　太田　宏
発行所　フォレスト出版株式会社
〒162-0824
東京都新宿区揚場町2-18　白宝ビル7F
電話　03-5229-5750（営業）
03-5229-5757（編集）
URL　http://www.forestpub.co.jp
印刷・製本　日経印刷株式会社

 ISBN978-4-86680-091-2　Printed in Japan

10万部突破！

日本古来 最強の引き寄せ「予祝」のススメ
『前祝いの法則』

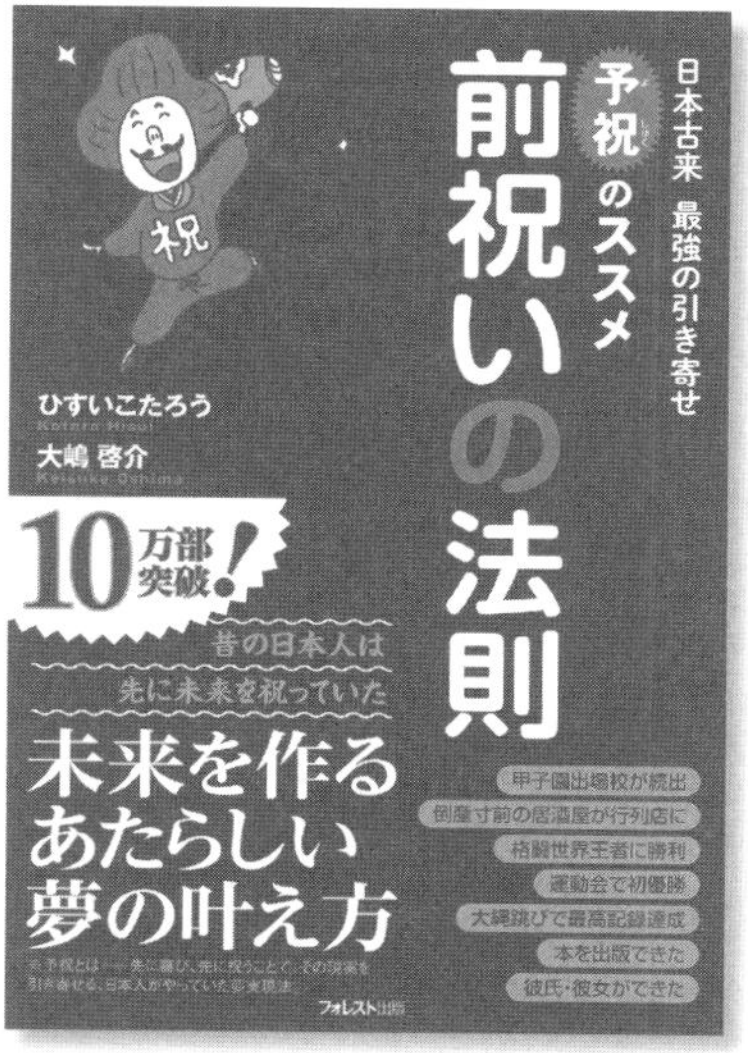

ひすいこたろう 著／大嶋啓介 著
定価 本体1500円 +税

夢を叶える前に、
先に喜び、祝うだけ！

「お花見」は
未来を先に祝ってしまう
日本の「引き寄せ」の法則だった！

願いを叶える最大のコツは〇〇ことである

なぜ、前祝いをするだけで夢が叶ってしまうのか？

それは「未来」を変えるには、「いまの心の状態」を変えること、それが予祝の本質だからです。

もしいまの心の状態が、ワクワクせず、喜びに浸ることができていなければ、未来にワクワクすることや喜べることはやってきません。

つまり、「心」×「行動」＝「あなたの未来」なのです。

この本では、予祝というかたちで「いまの心の状態」をオンにし、それを行動に結びつける方法を解説していきます。

今すぐ手に入る！

『日本人こそ、宇宙にお願いすればいい。』

読者無料プレゼント

動画ファイル 聴くだけ！あなたの願いを宇宙に届けるソルフェジオ周波数

ソルフェジオとは「宇宙の音」と言われる周波数のことで、なかでも今回の音源に使用している956Hzは宇宙との一体感を感じさせ、高次元の意識とつながることで脳が活性化すると言われています。あなたの願いを宇宙に届けてくれる音です。

動画ファイル 純ちゃんがレクチャーする本書の効果を最大に引き出す方法

純ちゃんこと本書の著者である吉岡純子氏が、本書の効果を最大限に引き出す活用法について特別に解説する撮り下ろし動画です。ぜひご視聴いただき、宇宙理論への理解を深めてください。

※無料プレゼントは、ホームページ上で公開するものであり、CD・DVD、冊子などをお送りするものではありません

※上記無料プレゼントのご提供は予告なく終了となる場合がございます。あらかじめご了承ください

この無料プレゼントを入手するにはコチラへアクセスしてください

http://frstp.jp/jpn

フォレスト出版